수퍼컨슈머

SUPER
CONSUMER

수퍼컨슈머

EY한영산업연구원 지음

RHK
알에이치코리아

EY는 2019년 출간한 〈수퍼플루이드 경영전략〉에서 산업 전반에서 일어나고 있는 변화와 기업들의 대응전략을 다뤘다.

물리학 용어인 수퍼플루이드는 움직이는 동안 마찰이 없어 운동에너지를 잃지 않는 물질인 '초유체'를 의미하지만, EY는 디지털 기술을 통해 급변하는 시장 상황을 수퍼플루이드라는 물리학적 개념을 비즈니스 관점으로 재해석했다. 수퍼플루이드는 기존 경제 생태계의 유지에 필요한 중개자와 거래비용이 사라지고, 수요자와 공급자가 직접 연결되는 시장이다. 중개료나 유통 수수료가 사라지면서 궁극적으로 거래비용이 제로가 되는 환경이다. 시장의 정보가 투명하게 공개되면서 공급자 중심의 시장은 소비자들도 대등하게 영향력을 행사하는 형태로 바뀐다. 이를 통해 산업 간의 경계가 무너지고 밸류체인의 단계가 최소화되는 현상이 나타난다.

이러한 변화는 시장에 직접적인 영향을 미친다. 2000년 이후 〈포춘〉 500대 기업 중 절반 가량이 인수되거나 사업을 중단했다. 수퍼플루이드 시대는 인터넷을 중심으로 블록체인, IoT, 빅데이터, 클라우드, AI, 로보틱스와 같은 기술들이 임계점을 넘으면서 시작됐다. 이 같은 디지털 기술이 가져오는 변화는 시장뿐 아니라 소비자에게도 나타난다.

사실, 소비자의 변화는 과거부터 늘 있어왔으며, 그 시대 대부분의 소비자와 구별되는 특성을 나타내는 소비자를 우리는 미래소비자라 불러왔다. 미래소비자는 제품의 탐색 과정, 사용 행태, 개선 참여도 등이 시대와 문화에 따라 다양한 특성으로 나타나면서 그만큼 다양한 명칭들이 붙여졌다. 1980년대 제품 기획에 직접 참여하기 시작한 프로슈머(Prosumer, Producer + Consumer), 2000년대 널리 알려진 정보와 광고에만 의존하지 않고 직접 체험을 중요시한 트라이슈머(Trysumer, Try + Consumer), 소셜미디어에서 비슷한 취향과 경험을 가진 사람들 간의 정보 교류를 통해 소비하는 트윈슈머(Twinsumer, Twin + Consumer) 등 다양한 미래소비자들이 있다. 이들은 단순한 소비 유행을 만드는 데 그친 게 아니라, 기업들의 운영 및 전략 방향을 수정하게 했다는 점에서 큰 힘을 발휘하고 있다.

우리는 〈수퍼플루이드 경영전략〉에서 수퍼플루이드가 변화시킨 미래소비자의 모습을 다음의 7가지로 보여주었다.

- 저관여 제품은 AI 추천을 통해 자동 구매하게 되는 '쇼핑과 구매의 이원화'
- 경험이 새로운 과시의 수단이 되고 삶의 방식이 되는 '소유보다 경험의 선호'
- 언제 어디서나 연결되어 AI를 통해 실시간으로 니즈가 충족되기를 원하는 미래소비자
- 업무와 학습에서 AR/VR 등을 통해 즐거움을 추구하며 몰입감과 생산성을 향상하는 게이미피케이션(Gamification) 경험
- 긱 이코노미 확산에 따라 프리랜서로 활동하고 로봇과 함께 일하는 미래소비자
- 이동 생산성을 중시하여 효율적이고 원활한(Seamless) 교통체계를 사용하는 미래소비자
- DNA, 취향 등 개인맞춤화된 식단, 실시간 헬스 데이터 모니터링을 통해 관리받는 미래소비자

이번 책에서는, 앞서 간략하게 소개했던 수퍼플루이드 시대에 달라진 소비자에 초점을 맞춘다. 우리는 수퍼플루이드 시대 이전의 소비자와 완전히 다른 특징과 성격을 가진 소비자 집단을 '수퍼컨슈머'로 제시한다. 수퍼컨슈머는 AI의 데이터 분석 알고리즘, IoT 및 생체 센서의 범용성과 커넥티비티, 블록체인의 보안성과 투명성 등의 최신 디지털 기술을 자유자재로 활용하면서 공급자 중심의 시장

을 소비자 중심으로 바꿔 놓음으로써 과거 소비자와 다른 특성을 보인다. 수퍼컨슈머는 수퍼플루이드 시대를 살아가는 현재 소비자인 동시에, 그동안 진화해 온 소비자 특성을 종합적으로 가지면서 변화를 주도하는 미래소비자이다.

수퍼컨슈머들은 디지털로 시간, 장소, 내용 등 상품과 서비스의 모든 측면을 고려해 결정을 내리고 있다. AI는 기존에는 파악할 수 없었던 대상까지 찾아내 검색과 비교에 필요한 과정과 시간도 줄여준다.

수퍼컨슈머는 어려서부터 PC, 인터넷, 스마트폰 등 디지털 제품과 기술을 익숙하게 활용해 온 집단이며 밀레니얼 세대와 Z세대가 중심축이 된다. 이들은 기존의 베이비부머와 X세대와는 확연하게 다른 삶을 살아가며, 기존의 인구통계학적 기준으로는 정의하기 어려운 새로운 세대다. 수퍼컨슈머는 5G, AI, 블록체인 등 강력한 디지털 기술을 통해 영향력이 폭발적으로 증가하고 있다.

기존 소비자와 다른 수퍼컨슈머의 경제활동으로 새로운 방식의 소비 생태계가 만들어지고 있다. 기존의 디지털 환경에서는 소비자가 본인의 힘으로 상품 및 서비스를 탐색하고, 목적, 필요성, 브랜드, 스펙 등의 조건들을 본인이 판단하고 결정하고 있으며, 결제까지도 본인이 모두 수행한다. 그러나 수퍼컨슈머는 탐색 과정에서부터 AI의 도움을 받아서 찾고 판단하고 결정하며, 결제까지 자동으로 진행되는 수퍼플루이드 소비행태를 지니게 된다.

이렇게 디지털 기술이 발전하면서 소비자는 '디지털 어시스턴트로 삶의 강화', '경험과 공유 가치 중시', '초개인화 니즈의 전방위적 확산', '데이터 가치의 인식 변화', '디지털 노마드로 변신'이라는 5가지 특징을 가지게 된다. 이 같은 특성은, 소비자가 디지털을 활용하여, 자신을 위해, 한정된 자원을 효율적으로 활용하여, 가치를 극대화하는 소비행태로 나타난다.

소비자의 행동변화에 따라 기업들의 대응전략도 바뀌어야 한다. 기업들도 자신의 제품과 서비스가 미래소비자가 원하는 수준의 가치와 경험을 제공할 수 없으면 시장에서 사라질 수밖에 없다. 디지털 기술의 속도가 빨라진 만큼, 기업이 시장에서 사라지는 속도는 더 빨라질 것이다.

이를 극복하기 위해 기업들은 기존 디지털을 전략의 단편적인 도구로 활용하는 것이 아니라, 디지털 DNA를 조직과 구성원, 제품과 서비스의 개발과 확산까지 적용하는 디지털 기반 기업으로 재편해야 한다. 디지털 사업전략을 기반으로 디지털 혁신을 일으켜, 적까지 동지로 삼아 생태계를 확보하는 '프레너미(Frenemy, Friend + Enemy)' 전략을 통해 가치가 선순환하는 생태계를 만들어야 한다.

이미 일부 기업들은 수퍼컨슈머의 특성에 맞춰 초개인화 맞춤형 솔루션을 도입하고, 경쟁업체와 전격적으로 협력하며, 공유경제, 구독경제 플랫폼을 구축하는 전략으로 대응하고 있다. 아마존은 빅데이터를 활용해 고객이 물건을 사기도 전에 배송을 하는 '예측 배송'

을 도입하고 있고, 넷플릭스는 신작 영화를 극장과 동시에 안방에서도 볼 수 있는 환경을 만들었다. 패션 공유 기업 '렌트더런웨이(Rent The Runway)'는 매달 새로운 의류를 대여해 주는 방식으로 패션업계를 흔들고 있다. 이런 업체들은 단순히 틈새시장에 진입한 것이 아니라, 기존 업체들이 만들어 놓은 주류 생태계까지 뒤엎고 있다. 앞으로 등장할 기업들은 디지털 기술을 더 적극적으로 도입해야 경쟁에서 비로소 살아남을 수 있다.

우리나라는 산업의 구분 없이 전체적으로 글로벌 대비 수퍼컨슈머에 대한 대응이 느린 상황이다. 이는 정부와 기업 모두 미래소비자와 트렌드에 대한 변화 대응 필요성과 인식 자체가 부재했기 때문이다. 그 결과 미래의 핵심 근간 기술인 AI, 빅데이터, 알고리즘 등의 전문가 육성 및 확보가 충분히 이루어지지 못했다. 또한 규제와 이익을 둘러싼 정부와 산업의 다양한 이해관계자들의 의견차로 새롭고 혁신적인 사업을 수행하기 어려운 환경과 문화가 이어져온 것도 이유로 꼽힌다.

우리나라 기업은 수십 년간 글로벌 선도기업의 성공을 빠르게 답습해 쫓아가는 '패스트팔로워(Fast Follower)' 전략을 펼쳐왔다. 하지만 급변하는 디지털 시대에서는 이러한 전략이 더는 통하지 않는다는 것을 우리는 이미 경험으로 알고 있다. 선도기업들이 플랫폼을 기반으로 미래 핵심 산업 영역을 선점하고 영향력을 키워가는 상황에서, 이제 글로벌 기업과 격차가 더 벌어지면 우리나라 기업들은 추격의 골든 타임을 놓칠 수 있다.

전통적인 기업들은 이제 수퍼플루이드 환경에서 태생부터 디지털인 수퍼컨슈머를 사로잡기 위한 전략을 선택해야 하는 도전과제에 직면해 있다. 하지만 전통적인 기업들이 약점만 있는 것은 아니다. 디지털 채널을 강화하고 기존의 오프라인 채널을 디지털화하는 등 사업구조를 디지털 중심으로 재편하면서, 한편으로는 지금까지 축적해 온 데이터를 새로운 경쟁력으로 활용하여 시장에서의 우위를 확보할 수 있다.

디지털 기술의 발전은 우리가 상상하는 것보다 훨씬 빠르게 가속화되고 있다. 기업들은 고객에게 일률적인 상품과 서비스를 제공하는 단편적인 사업구조에서 벗어나, 개별 소비자와 1대 1로 연결해 초개인화 서비스를 제공해야 하는 대전환의 시대를 맞이하고 있다.

향후 10년간 인류는 지난 1000년보다 더 큰 격변을 경험하게 될 것이다. 수퍼컨슈머를 이해하고 사로잡을 수 있는지 여부에 기업의 운명이 달려있다.

| Contents |

프롤로그 _ 5

PART 1 수퍼컨슈머의 이해

Chapter 1 수퍼컨슈머 페르소나 | 19

    01 디지털 어시스턴트로 스마트해진 일상 | 22

    02 공유와 구독서비스로 필요한 것들을 충족 | 25

    03 DNA 분석을 통한 건강관리 큐레이션 | 27

    04 개인정보를 주요 자산으로 관리 | 29

    05 일과 생활의 균형을 찾는 디지털 노마드 | 31

Chapter 2 수퍼컨슈머 출현 배경 | 35

    01 전례 없는 사회적 · 인구통계학적 변화 | 40

    02 파괴적 혁신을 불러오는 핵심 디지털 기술 | 61

PART 2 수퍼컨슈머의 5대 특성

Chapter 1 디지털 어시스턴트로 무장한 수퍼컨슈머 | 81

01 구매와 쇼핑의 이원화 | 86

02 단순 반복 업무의 자동화 | 96

03 전문 역량을 강화해 주는 디지털 코치 | 99

Chapter 2 경험과 공유를 중시하는 수퍼컨슈머 | 105

01 소유에서 경험으로 이동하는 소비가치 | 108

02 공유경제와 구독경제의 급성장 | 116

Chapter 3 초개인화를 요구하는 수퍼컨슈머 | 129

01 초개인화 니즈를 맞춰주는 큐레이션 | 134

02 미래의 니즈를 예측하는 큐레이션 | 143

Chapter 4 데이터 가치를 중시하는 수퍼컨슈머 | 147

01 데이터 가치의 급등 | 150
02 데이터 신용사회의 도래 | 158

Chapter 5 디지털 노마드가 된 수퍼컨슈머 | 163

01 프리랜서가 주도하는 긱 이코노미 | 166
02 AI와 로봇이 주도하는 머신 이코노미 | 173

PART 3 수퍼컨슈머로 인한 산업계의 변화

Chapter 1 AI와 데이터로 초개인화되는 소비재/유통산업 | 183

01 AI 추천 플랫폼에 의해 재편되는 소비재산업 | 188
02 옴니채널을 넘어 디지털 채널 주력이 되는 유통산업 | 197
03 데이터 기반 소비자 맞춤 음식이 화두인 식품산업 | 210
04 초개인화 스타일링을 제공하는 패션 & 뷰티산업 | 214
05 초개인화 큐레이션이 도입 단계인 국내 소비재/유통산업 | 219

Chapter 2 금융 생태계 변화에 따른 무한 경쟁시대 | 229

01 오픈뱅킹이 가져온 금융산업 혁명 | 234

02 방대한 유저 데이터를 보유한 '테크핀(TechFin)'의 성장 | 244

03 업종경계가 파괴된 무한경쟁의 금융산업 | 251

04 혁신적인 변화의 변곡점에 있는 국내 금융산업 | 256

Chapter 3 완성차 제조업에서 모빌리티 서비스 산업으로의 재편 | 271

01 MaaS 시대의 개막 | 277

02 자율주행차 시장 주도를 위한 글로벌 기업들의 각축 | 285

03 쇼핑과 엔터테인먼트의 공간으로 변하는 모빌리티 | 298

04 모빌리티 산업으로 재편을 준비하는 국내 자동차산업 | 301

에필로그 _ 315

PART

1

수퍼컨슈머의
이해

수퍼컨슈머
페르소나

[Intro]

　시대를 막론하고 기업이 풀어야 할 핵심 문제는 시장과 소비자를 정확히 분석해 더 나은 제품과 서비스를 만들어 사업을 성공으로 이끄는 것이다. 어떤 기업이든 기존 소비자를 붙잡고 잠재 소비자를 발견하기 위해 치열한 경쟁을 벌여야 한다. 기업은 경쟁력을 확보하기 위해 고객의 특성을 구분하여 전략을 구성했다. 성별, 나이, 종교, 거주지역, 소득과 교육수준 등을 분석해 의미를 부여하고, 제품과 서비스를 기획하고 판매에 활용했다. 하지만 디지털 기술의 발전으로 소비자들은 기존 기업이 만든 틀을 벗어나 상황에 따라 서로 다른 모습을 보이는 '페르소나(Persona)'로 행동하고 있다.

　'페르소나'는 스위스의 분석심리학자 칼 융(Carl Gustav Jung)이 만든 개념이다. 페르소나는 사람(Person)과 성격(Personality)의 어원이 되는 라틴어로 고전극에서 배우가 무대에서 쓰는 가면을 뜻했지만, 최근에는 특정한 환경에서 표현되는 사람의 모습을 지칭하는 용어로 쓰이고 있다. 페르소나는 타인에게 비치는 자아, 외적 성격을 뜻하며, 오늘날의 페르소나는 배우가 상황마다 가면을 바꾸는 것처럼 사람이 상황에 따라 가질 수 있는 여러 가지 모습을 의미한다. 페르소나는 자신을 둘러싼 서로 다른 환경 속에서 자신을 부각하기 위한 장치로 사용되고 있다. 영화계에서는 페르소나를 영화감독의 작품 세계를 대변하기 위해 반복적으로 여러 작품에 등장하는 배우를 가리킨다. 넷플릭스가 제작한 영화 〈페르소나〉는 주연 배우가 4가지 이야기 속에서 전혀 다른 캐릭터를 연기해 페르소나의 속성을 나타냈다. 페르소나는 2019년 발매돼 전 세계적으로 인기를 끈 BTS의 앨범 〈Map of The Soul: Persona〉의 주제곡으로도 사용되어 화제가 됐다. 앨범에서 페르소나는 BTS 구성원인 RM이 인기가수와 평범한 24세 청년으로서 갈등하는 모습을 그리는 데 활용됐다.

최근 디지털 기술의 비약적인 발전과 인구통계학적 변화의 속도는 소비자를 일과 생활에서 시간과 공간의 제약을 뛰어넘을 수 있는 '수퍼컨슈머'로 만들었다. 수퍼컨슈머는 기존 소비자와 차별적인 특징을 가지고 각각 서로 다른 페르소나로서 삶을 살아간다. 페르소나는 기존 소비자와 구분되는 수퍼컨슈머를 대변하는 특징으로 상황과 역할에 따라 수많은 모습으로 나타난다.

디지털 어시스턴트로 스마트해진 일상

202X년 어느 날 아침, 로지타(Rosita)는 디지털 어시스턴트 '소렐라(Sorella)'의 알람으로 잠에서 깨어났다. 소렐라는 로지타의 개인 디지털 어시스턴트로 생활에서 업무까지 세세한 부분까지 찾아내 해결하고 조언한다. 로지타는 디지털 어시스턴트가 자신의 언니처럼 언제나 나서서 문제를 해결해주기 때문에 이탈리아어로 언니인 '소렐라'로 이름을 붙였다.

소렐라는 오늘의 일정과 날씨를 설명해 준다. 그리고 어제 있었던 유전자 복제에 반대하는 전자 서명 운동과 경제 활성화를 위해 로봇 세금을 줄여야 한다는 등의 뉴스에 대해 알려줬다. 로지타는 소렐라에게 음성으로 아침을 주문한다. "자연적으로 재배된 재료로 완전 유기농 건강식을 만들어줘." 소렐라는 로지타에게 필요한 모든 음식을 푸드 3D 프린터로 출력하고 있다. 푸드 3D 프린터는 식용 소재를 원료로 사용해 원하는 음식을 만드는 제품이다. 파우더 형태로 공급된 재료는 영양소를 우선해 만들어지며, 재료와 상관없이 모양과 맛을 낼 수 있다. 처음 푸드 3D 프린터가 등장했을 때는 기존 음식과 다른 향과 모양으로 다소 거부감이 있었지만, 최신 제품은 실제 음식과 똑같다. 오히려 요리하는 시간이나 복잡함이 필요 없고 건강 정보를 기반으로 맞춤형 식사를 할 수 있으므로 로지타처럼 혼자 사는 사람에게 유용한 제품이다. 소렐라는 최근 치통이 생긴 로지타를 위해 음식물을 쉽게 섭취할 수 있도록 부드러운 식감으로 아침을 제조하도록 지시했다.

식사를 마친 로지타는 거실에 있는 대형 디스플레이를 통해 원격으로 건강검진을 받았다. 로지타가 "어제부터 기침과 열이 있는데 무엇이 잘못됐지?"라고 말하자 소렐라는 AI 의사와 연동해 생체 센서로 로지타의 증상을 확인했다. 그리고 다른 가능성 있는 증상 목록을 비교한 뒤 큰 문제가 없다고 판단했다. AI 의사는 로지타처럼 너무 바빠서 병원에 가기 어렵거나 멀리 떨어진 지역에 사는 환자에게 의료 서비스를 제공한다. 로지타의 최근 생체 정보를 의료 빅데이터와 비교해 정확한 진단을 한다. 인간 의사는 한 번에 한 명의 환자를 진료할 수 있지만, AI 의사는 로지타를 진료하는 동안 100km 안에 있는 수십 명의 다른 환자를 동시에 진찰하고 처방전을 내릴 수 있다. 또한 상황에 따라서 의사를 불러야 하는지, 병원으로 입원해야 하는지 등도 결정한다. AI 의사로부터 로지타의 새로운 정보를 넘겨받은 소렐라는 로지타의 당뇨와 고혈압이 위험 수준에 있으니 운동을 더 해야 한다고 조언했다. 또 소렐라는 식이요법 관련 내용을 다음 3D 프린터로 음식을 출력할 때 참고하도록 정보를 업데이트했다.

공유와 구독서비스로 필요한 것들을 충족

02

식사를 마친 로지타는 의류 구독서비스 업체에 돌려줘야 할 옷을 정리했다. 로지타는 매달 자신에게 어울리는 의류를 배송해 주는 구독서비스를 사용하면서 시간과 비용을 줄일 수 있었다. 오프라인 매장이나 온라인 쇼핑을 통해서 원하는 제품을 고르기까지 많은 시간이 걸렸지만, 의류 구독서비스 업체는 로지타뿐 아니라 비슷한 성향이 있는 수십만 명의 구독자와 비교해서 로지타에게 가장 어울릴 만한 제품을 맞춤형으로 제공한다.

로지타는 공유경제와 구독경제를 통해 소유하지 않아도 얼마든지 이용할 수 있는 환경을 경험하면서 소유가 오히려 짐처럼 느껴졌다. 일정 비용을 지불하고 원하는 상품과 서비스를 정기적으로 받는 구독경제는 시장을 완전히 바꿨다. 다양한 제품을 부담 없이 사용할 수 있게 됐고, 유지관리에 필요한 불편은 사라졌다. 로지타는 이전보다 더 적은 비용으로 더 많은 제품과 서비스를 누리고 있다.

로지타는 오늘 런던 헤롯백화점을 돌아볼 예정이다. 일상용품은 AI가 알아서 주문하고 옷도 구독서비스로 해결하지만, 로지타가 관심이 있는 신발이나 운동용품은 시간을 내서 꼼꼼하게 확인한 뒤 결정한다. 로지타는 외출 대신 VR 안경을 쓰고 헤롯백화점으로 접속했다. 제품을 평면으로 나열하는 온라인 쇼핑몰과 달리 VR은 지구 반대편에 있는 실제 백화점으로 바로 안내했다. 백화점까지 이동하는 시간과 주차공간을 찾아야 하는 스트레스 없이, VR의 촉감센서로 백화점을 거닐면서 매장의 공간감은 물론 화장품 코너의 향기까지 느낄 수 있다. VR로 로지타는 자신만을 위해 백화점을 통째로 자신을 위한 공간으로 활용할 수 있다. VR은 로지타가 관심을 가질 만한 제품을 나열해 보여준다. 로지타는 추천 제품 중 나이키 한정판 운동화를 살펴보고 구입을 선택한다. 하지만 소렐라가 아마존에서 같은 제품을 더 저렴한 가격에 판매한다는 알림을 준다. 로지타는 결제 선택을 뒤로 미루고 소렐라에게 말한다. "아마존 운동화 코너로 가줘."

DNA 분석을 통한 건강관리 큐레이션

03

최근 건강에 대한 걱정이 많아진 로지타는 자신의 DNA를 유전자 전문업체 '마이지놈박스(MyGenomeBox)'에 보냈다. 로지타는 지놈박스에서 제공하는 DNA 검출 키트를 이용해 간단히 자신의 DNA를 추출해 관련 정보를 받아볼 수 있다. 로지타가 DNA 검사를 한 것은 이번이 처음이 아니다. 로지타는 가족력이 없음에도 불구하고 지난 검사에서 난소암 위험율이 평균보다 높다는 사실에 충격을 받았다. 그뿐만 아니라 동맥질환, 당뇨병, 천식과 유방암 등도 위험군으로 나타났다. 아직 심각한 문제가 생긴 것은 아니지만 더 정확한 질병 예측을 위해 다시 테스트를 했다. 로지타는 유전자 검사로 질병에 대한 접근법을 완전히 바꿨다. 지금까지는 건강에 위험이 있을 때만 병원을 찾았지만, 이제는 건강진단을 주기적으로 진행해 발병 가능성을 최소화하는 데 집중하고 있다. 자세한 검사를 받기 위한 비용은 높지만 병에 걸려서 의료비로 사용하는 것에 비하면 무시해도 될 정도다.

로지타는 소렐라에게 주요 건강지표를 우선해서 관리해 달라고 설정했다. 음식과 운동, 수면 등 건강과 연관되는 주요 내용이 수치로 제공된다. AI 비서의 가이드라인에 따라 자신의 건강 상태를 실시간으로 확인할 수 있다.

또한 로지타는 유전자 회사에 문의해 유전학적으로 우월한 배우자를 찾고 있다. 자신의 DNA와 결합해 최대한 건강한 체질의 질병이 없는 아이를 낳을 확률이 높은 배우자를 찾으려는 것이다. 특히 유전병에 걸릴 확률이 낮은 아이를 함께 가질 수 있는 배우자를 찾는 것이 주된 관심사다. 고령사회에서 믿을 것은 자신과 건강밖에 없다고 생각하기 때문이다.

개인정보를
주요 자산으로
관리

   소렐라는 로지타의 암호화폐 계좌에 입금이 있다고 알렸다. 최근 로지타가 자신의 금융정보를 제공한 데이터 브로커 업체에서 보낸 보상이다. 소액이지만 데이터 공개 수준에 따라 추가금액을 받을 수 있으므로 다른 데이터도 제공할 계획이다. 로지타는 기업들이 상업적으로 활용하기 위해 개인의 데이터를 수집한다는 것을 알고 있었지만, 해킹 등 문제를 우려해 그동안 데이터를 공개하지 않았다. 하지만 블록체인을 활용한 보안기술이 믿을 만하고 주변에서 데이터로 부수입을 올리는 친구들이 점차 늘고 있을 뿐만 아니라, 데이터 가격도 이전보다 많이 높아져 데이터를 공개하기로 했다.

   하지만 로지타는 사생활 보호를 위해 웹로그 기록이나 위치정보,

의료정보 등은 공개하지 않는다. 데이터 브로커 업체에 제공하는 개인정보는 자신을 특정할 수 없는 부문으로 제한해 개인정보 유출 위험을 최소화하고 있다. 민감한 개인정보가 유출되면 금전적 피해 뿐만 아니라 신용평가 점수 하락가능성까지 있어 주의하고 있다.

소렐라는 로지타의 금융 신용점수가 나빠질 수 있다며 이번 달 지출을 줄여야 한다고 알렸다. 금융 데이터는 소득금액과 보험금, 예금 등 핵심 변수와 부가정보로 평가하는데, 한 번 부정적인 평가를 받으면 다시 올리기가 어렵다. 프리랜서인 로지타는 낮은 신용점수가 새로운 일을 맡는 데 나쁜 영향을 미칠 수 있으므로 아쉽지만 몇 개의 구독서비스를 중단하기로 했다.

일과 생활의 균형을 찾는 디지털 노마드

05

로지타가 업무용 이메일을 확인하니 프로젝트 담당자에게서 온 메일이 쌓여있다. 로지타는 수년간 광고회사에서 근무했던 경력을 바탕으로 원격 마케팅 컨설턴트로 일하면서 여러 개의 프로젝트를 동시에 진행하고 있다. 로지타는 프리랜서 플랫폼을 통해 선택한 다양한 업무를 진행한다. 어떤 때는 설립 초기 단계의 스타트업의 컨텐츠를 제작하고 소셜미디어와 블로그도 관리한다. 가끔은 글로벌 기업의 새로운 브랜드 추진 프로젝트에 참여하기도 한다.

로지타가 디지털 노마드로서 살게 된 것은 자신의 의지도 작용했지만, 근본적인 원인은 노동시장이 프리랜서 중심의 무한경쟁 체제로 전환됐기 때문이다. 이전까지는 회사 내에서 업무능력으로 경쟁하거나 비슷한 경력을 가진 같은 지역의 상대와 경쟁을 했다. 하지만 프리랜서 플랫폼을 통해 기업들이 원하는 인력을 필요할 때마다 바로 수급할 수 있게 되면서, 미국이나 북유럽 시골에 있는 누군가와 프로젝트를 두고 싸워야 한다. 노동시장이 재편되는 것에 맞춰 로지타는 동료들보다 먼저 디지털 노마드의 삶을 선택했다.

로지타가 원격근무를 한다고 해서 고립되어 혼자 일하는 것은 아니다. 오히려 프리랜서 커뮤니티에 가입해 다양한 기업가, 전문가 그룹을 만날 수 있었으며 넓은 시야와 다양한 관점을 갖게 됐다.

급한 업무를 마친 뒤 로지타는 욕실에 있는 거울을 봤다. 소렐라는 현재 피부 상태가 건조하니 방안의 습도를 올리겠다는 알림을 보냈다. 거울 속에는 로지타의 여러 가지 페르소나가 보인다.

- ✅ 기업들이 광고 프로젝트에서 찾는 프리랜서 경력 10년 차의 디지털 노마드.
- ✅ 시간이 날 때마다 세계 유명 백화점을 VR로 돌아다니는 운동화 애호가.
- ✅ 자신의 금융정보와 의료정보 가치를 높이기 위해 노력하는 데이터 소매상.

로지타는 대상과 상황에 따라 각기 다른 페르소나로 활동한다.

로지타는 꾸준한 관리를 통해 20대의 신체 나이를 가지고 있지만 실제 나이는 35세다. 프리랜서를 선택한 것도 나이에 상관없이 업무능력으로 평가받을 수 있기 때문이다. 디지털이 가져온 대전환 속에서 앞으로 확실한 것은 없지만, 나이가 드는 것은 분명하다. 로지타는 AI와 DNA 정보, 생체센서의 도움을 받아 최대한 건강을 유지하면서 일과 생활의 균형을 유지하는 것이 목표다.

Chapter

2

수퍼컨슈머
출현 배경

　과거 소비자는 시장에 공개된 한정된 정보와 제한된 접점을 통해 기업이 일방적으로 제공하는 제품과 서비스 중 필요한 것을 찾는 선택을 해야 했다. 이 과정에는 왜곡되거나 단편적인 정보로 소비자들이 잘못된 판단을 내릴 수 있는 행동경제학적 특성이 존재했다.

　하지만 디지털 기술이 소비자를 가로막은 벽을 허물면서 완전히 다르게 거듭나고 있다. 디지털 기술은 객관적인 정보를 다양한 관점으로 분석해 행동경제학적 제약을 뛰어넘는 판단을 내릴 수 있는 환경을 제공한다. 이처럼 삶의 모든 영역에서 AI, 사물인터넷, 빅데이터 등 디지털 기술을 적극적으로 활용해 스마트한 생활을 추구하는 새로운 형태의 소비자를 '수퍼컨슈머(Super Consumer)'라고 한다.

　수퍼컨슈머는 시장을 구성하는 공급자와 수요자 양쪽에서 한꺼번에 변화가 일어나며 자연스럽게 등장했다. 공급자 측면에서 기업은 자사의 제품과 서비스가 소비자의 주목을 받도록 끊임없이 대량의 정보를 공급하는 역할이 커지고 있다. 아날로그 시대의 정보 공급은 물리적으로 한계가 있었지만, 디지털 시대의 정보 공급은 기하급수적으로 증가하고 있다.

정보의 홍수 속에서 기업은 소비자의 관심을 최대한 확보하기 위해 경쟁을 벌였고, 이는 '주목경제(Attention Economy)'로 나타났다.

주목경제는 인간의 관심을 한정된 자원으로 간주하고 이를 확보하려는 경제주체들의 활동을 말한다. 디지털 시대의 경제주체는 생존을 위해 소비자의 관심을 끌기 위한 싸움을 치열하게 하고 있다. 사이버 공간은 소비자 주목을 끌기 위한 전장이 됐고 광고, 블로그, SNS, 유튜브는 경쟁사를 견제할 무기로 쓰인다.

수요자 관점에서 공급자의 과다한 정보는 경제활동에 도움을 주는 것이 아니라 걸림돌로 작용한다. 오히려 소비자의 합리적인 소비를 위한 정보탐색의 의지를 꺾는 '합리적 무지(Rational Ignorance)' 상태를 만들고 있다. 합리적 무지란 개인이 특정 정보를 얻는 데 필요한 비용이 기대하는 수익보다 높을 때 차라리 정보 습득 자체를 포기하는 현상이다. 이런 현상은 극단적으로 귀찮은 일은 피하려는 소비자 성향과 맞물리면서 불편한 소비행위를 거부하는 행태로 나타난다.

이 때문에 소비자는 AI, 자동결제 등 디지털 기술을 통해 소비자 스스로가 최적화된 의사결정을 하는 편리한 소비를 추구하게 되고, 결과적으로 합리적이고 자신만을 위한 맞춤형 소비를 지향하는 수퍼컨슈머로 진화하게 된다.

공상과학영화 〈어벤저스〉에서 아이언맨이 초인적인 힘을 과학기술, 디지털을 통해 구현하는 것처럼, 수퍼컨슈머도 혁신적인 디지털 기술을 통해 시간과 공간의 물리적인 제약을 뛰어넘고, 인간의 한계를 극복해 더 나은 삶을 살아가게 된다. 아이언맨이 사용하는 인공지능(AI) 비서 자비스(JARVIS)는 적과 주변 상황을 분석하고, 피해가 발생했을 때 대처상황을 알려준다. 모두가 초인적인 힘을 발휘하는 아이언맨 슈트를 갖기는 어렵겠지만, 앞으로 자비스와 같이 일상과 업무를 도와주는 AI는 누구나 사용할 수 있게 된다.

예를 들어, AI는 기존에 소비자가 인식할 수 없었던 정보까지 찾아 검색과 비교는 물론 의사결정까지 도와주거나 모두 처리함으로써 소비자의 노력과 시간을 크게 단축해 준다. AI는 때로는 수퍼컨슈머의 업무를 도와주고 건강관리, 여가활동까지 관리해 주며, 다른 AI와 연계해 언제 어디서나 더 나은 일상을 제공할 것이다. IoT와 5G, 센서 기술은 언제나 연결된 환경을 만들어 필요한 데이터를 제공하고, VR과 AR은 현실세계와 가상세계를 융합해 수퍼컨슈머를 위한 더 나은 세계를 구현한다.

디지털 기술에 익숙한 수퍼컨슈머는 과거 소비자와 달리 소비

방식부터 라이프스타일, 식사, 이동, 업무 등 삶 전반에 걸쳐 디지털 기술을 적극적으로 활용해 편리성, 효율성, 효용성 등을 극대화한다. 그리고 소비자를 둘러싼 디지털 기술은 상호 작용을 통해 상승효과를 내며 더욱 증강된 수퍼컨슈머로 살 수 있는 환경을 제공한다. 수퍼컨슈머는 디지털 기술을 기반으로 경제활동을 하므로 시간과 장소의 제약 없이 제품과 서비스에 대한 모든 측면을 파악해 매 순간 자신을 위한 맞춤형 결정을 내릴 수 있다.

이런 삶은 기존에는 공상과학영화에서나 가능했지만, 이미 일부는 구현됐고 이른 시일 안에 누릴 수 있는 미래로 다가왔다. 수퍼컨슈머는 특정한 계층이나 부류가 아닌 눈앞으로 다가온 우리의 모습이다.

기업은 이런 변화에 맞춰 기존의 일반 소비자 대상 전략이 아닌 수퍼컨슈머의 특성을 제대로 이해하고 그에 맞는 새로운 전략을 제시해야 미래의 경쟁력을 확보할 수 있다.

전례 없는
사회적 · 인구통계학적
변화

그동안 사람들은 교육, 취직, 은퇴의 3단계 인생을 살았지만 기대수명이 증가하면서 라이프사이클도 증가하고 있다. 앞으로 사람들은 은퇴 후 재교육과 재취업의 사이클을 더해 라이프사이클은 5단계 혹은 7단계로 늘어날 것이다.

세계적으로 사람들의 평균수명은 길어지고, 자녀의 수는 줄어들고 있다. 경제가 성장하면 교육효과, 기술의 발전으로 사망률이 줄어들고, 출산율이 하락한다. 그리고 의학기술의 발달로 평균수명은 지속적으로 증가해 노년층이 전체 인구에서 차지하는 비중이 큰 고령화사회로 이동한다.

이전 세대에 비해 더 긴 기간 동안 살아야 한다는 것은, 일을 해야 하는 시간이 더 늘어난다는 것을 의미한다. 평균수명은 길어졌지만 일을 하지 않는 노인과 어린이들을 부양해야 할 생산연령은 그만큼 늘어나지 않기 때문에 세대를 막론하고 노후 대비에 대한 중요성이 더 커지고 있다. 이 같은 변화는 개성과 취향이 강한 1인가구의 확산으로 이어지고, 1인가구의 대부분을 차지하는 밀레니얼/Z세대는 기존에 없던 새로운 소비계층으로서 부상하고 있다.

1인가구의
폭발적인 증가

_____ 통계청이 5년마다 진행하는 '인구주택총조사 집계'에 따르면 2017년 기준 우리나라 1인가구는 약 562만 가구로 전체 가구형태에서 가장 높은 28.6%에 달한다. 1인가구의 구성원은 전체 인구(약 5,140만 명)의 10.9%에 불과하지만 가장 보편적인 가구 형태로 자리 잡은 것이다.

1인가구의 확산은 대가족에서 핵가족으로 변화한 가구 변화를 다시 더 작은 소핵가족 중심으로 급격하게 재편한다.

1인가구를 이루는 사람들은 자기애가 강하고, 타인의 간섭을 불편해하며, 개인의 가치를 추구하는 등 삶에 대한 기본적인 의식이 다른 가구의 사람들과 다르다.

흔히 1인가구라고 하면 젊은 비혼/미혼족을 떠올리는데, 고령화

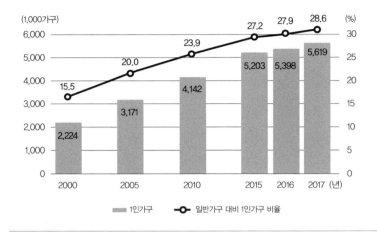

1인가구 변화 추이(2000~2017년)

(1,000가구)

- 1인가구
- 일반가구 대비 1인가구 비율

연도	1인가구	비율(%)
2000	2,224	15.5
2005	3,171	20.0
2010	4,142	23.9
2015	5,203	27.2
2016	5,398	27.9
2017	5,619	28.6

와 맞물리면서 가족과 따로 사는 홀로 남겨진 노년층도 1인가구의 증가에 주요한 영향을 미친다.

1인가구 증가는 세계적인 추세다. 세계적으로 1인가구는 전체 가구의 15%까지 증가했으며, 특히 유럽연합(EU)에서는 34%를 차지하고 있다. 북유럽은 1인가구 비중이 더 높은데 스웨덴은 51%, 덴마크는 44%에 달한다. 미국의 경우 1인가구가 전체 가구 중 28%로 1990년대 이후 주된 가구 형태가 됐다.

1인가구가 증가하는 이유는 우리나라를 포함해 전 세계적으로 혼인율은 역대 최저치로 낮아지는 반면, 이혼율은 증가하고 있기 때문이다. 여기에 더하여 출산율까지 낮아지면서 1인가구 증가에 영

국내 조혼인율 추이

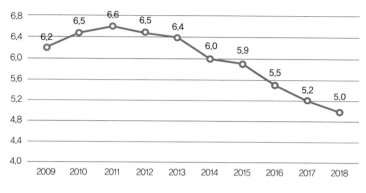

(1,000명당 혼인 건수)

향을 미치고 있다.

경제협력개발기구(OECD) 국가 조혼인율(인구 1,000명당 혼인 건수 비율)은 1995년 평균 5~7명에서 2019년 4~5.5명으로 하락했다. 인구 감소를 감안하면 실제 혼인 건수는 더 낮은 것으로 파악된다.

우리나라의 경우, 통계청이 발표한 '2018년 혼인·이혼 통계'에 따르면 통계 집계를 시작한 이래 혼인율은 최저 수준으로 떨어졌다. 조혼인율은 5건으로 관련 통계를 내기 시작한 1970년 이후 가장 낮았다. 혼인율이 낮아진 이유는 인구 자체가 줄고 있으며 취업난, 주거난 등을 이유로 결혼을 하고 싶어도 못하는 젊은층이 늘어났기 때문이다. 이는 우리나라를 비롯한 세계적인 추세다.

세계적인 출산율 하락도 1인가구의 증가에 영향을 미치고 있다. 기존 인구 유지에 필요한 합계 출산율은 2.1명이지만, OECD 국가의 평균 출산율은 1.68명이다. 세계 평균 합계출산율은 2.5명이지만, 이 수치도 지난 50년간 50% 가량 감소한 것이다.

통상 합계출산율이 1.3명 미만일 경우, 특정 세대의 인구가 급격히 줄어들 위험이 있는 초저출산 국가로 분류되는데, 현재 초저출산 국가로는 우리나라가 1.17명으로 유일하다.

출산율 감소는 지금까지 경제적인 문제가 가장 큰 이유로 꼽혔지만, 최근에는 개인주의, 가치관의 다양화 등 사회 변화와 여러 가지 요인이 복합적으로 작용하고 있다. 물론 경제적인 부담으로 결혼 자체를 회피하거나 결혼 후 양육비, 교육비 등을 이유로 출산을 미루거나 포기하는 경우도 포함된다. 초저출산 국가로 분류됐던 포르투갈과 폴란드는 출산을 장려하기 위한 사회적 제도로 출산율을 높였다.

1인가구의 증가는 수퍼컨슈머 출현에 직접적인 영향을 미친다. 전례 없는 사회적·인구통계학적 변화를 겪은 현재의 1인가구는 살아가는 방식도 이전 세대와 완전히 다르기 때문이다.

1인가구들은 부양할 가족이 없기 때문에 미니멀한 삶을 추구하고, 한곳에 얽매어 있는 것을 싫어한다.

반면 혼자 사는 것에 대한 불편함, 외로움을 사람이 아닌 디지털 기술, 커뮤니티 등을 통해 해소하려는 성향을 가지고 있다. 그리고 자신을 위한 것, 관심이 있는 부문에 대한 시간적, 금전적 투자에는

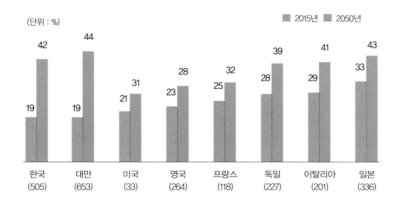

주요국의 인구밀도 및 고령인구 비중 변화

(단위 : %)

■ 2015년 ■ 2050년

한국 (505)	대만 (653)	미국 (33)	영국 (264)	프랑스 (118)	독일 (227)	이탈리아 (201)	일본 (336)
19 / 42	19 / 44	21 / 31	23 / 28	25 / 32	28 / 39	29 / 41	33 / 43

주: %는 총인구 중 고령인구(60세 이상)의 비중. ( )안 수치는 인구밀도(명/km²)

관대하다.

　1인가구가 소비의 주체가 되면서 기존 소비시장에 변화를 일으키고 있기 때문에, 이들의 특성을 고려한 차별화된 접근이 필요하다. 1인가구는 보편적인 특징을 가지고 있는 2인, 4인 가구와 달리 소득, 나이, 성별 등 다양한 특성을 가지고 있다. 예를 들어, 1인가구를 세대로 구분하면 소비성향이 높으나 소득수준이 낮은 청년층, 반대로 소득수준은 높으나 소비성향이 낮은 중년층, 소득의 상당 부분을 이전 소득에 의지하고 있는 노년층으로 나눌 수 있다. 이처럼 1인가구는 비슷한 특성을 가지고 있는 소비주체가 아닌 취향과 특성이 다른 개별 소비주체로 구분해야 한다.

센터네리언이
현실로

_____ 수명 100세인 사람을 지칭하는 센터네리언(Cente-narian)은 이제 꿈이 아니라 현실로 다가오고 있다. 기술의 발전으로 치료하기 어려운 질병을 예측해 발병을 사전에 차단하거나, 불가능했던 치료가 가능해지면서 기대수명이 연장되고 있다.

UN에 따르면, 1990년 100세가 넘은 사람은 세계적으로 약 9만 명이었지만, 2012년 약 32만 명, 2015년에는 약 45만 명으로 증가했다. 1990년 9만 명에서 15년간 5배 가량 늘어난 것이다. 이 같은 추세라면 2050년에는 100세 이상 인구가 370만 명을 넘어설 것으로 예상된다. 인구통계학에서 100세 이상인 사람들은 매우 소수여서 사실상 논외로 다뤄졌지만, 앞으로는 하나의 연령집단으로 구분될 것으로 전망된다.

센터네리언과 함께 고령자도 증가한다. UN에 따르면, 2019년 세계 인구의 기대수명은 72.6세, 2050년에는 77.1세로 늘어날 것으로 전망되는데, 특히 우리나라는 2030년 기대수명이 남성 84.1세, 여성 90.8세로 OECD 국가 중 가장 높아 이에 대한 대비가 필요하다.

가장 빠르게 초고령사회로 진입하는 대한민국

고령화사회로 진입한 세계 국가들은 인구구조의 변화를 겪고 있다. 우리나라 인구 피라미드는 30~50대가 두터운 항아리형이지만, 점차 60대 이상이 두터워지는 역삼각형 구조로 변화될 전망이다.

고령화 사회의 종류(UN 분류 기준)		
	65세 인구 비중	한국 진입 연도
고령화사회	7%~14%	1999
고령사회	14%~20%	2017
초고령사회	20%~	2025(예상)

특히, 우리나라는 빠르게 고령화가 진행 중이다. 우리나라는 저출산과 고령화가 동시에 영향을 미치며 1999년 65세 인구 비중 7% 이상인 '고령화사회'로 진입한 뒤 이미 고령화를 겪은 다른 나라에 비해 급속하게 고령 인구가 증가하고 있다. 우리나라는 2017년 65세 인구 비중이 14% 이상인 '고령사회'로 바뀌었고, 2025년 이후에는 65세 이상이 20%를 넘는 '초고령사회'가 될 것으로 예측된다. 국가에 따라 초고령사회로 바뀌는 기간은 프랑스가 154년, 미국이 88년, 독일 78년, 일본은 36년이었지만, 우리나라는 26년에 불과해 세계에서 가장 빠른 속도로 고령화가 진행된다. 다른 국가들이 고령화를 위해 준비했던 장기적인 계획은 고령화가 빠르게 진행되고 있는 우리나라에는 적용하기가 어렵다. 이 때문에 정부와 기업이 협력해 더 빠르고 더 적극적인 해법을 찾아야 한다. 우리나라 고령화의 규모가 크고 속도도 빠른 만큼 연금과 의료보험, 고용대책 등을 고려해 포괄적이고 종합적으로 접근해야 한다. 이 과정에서 중앙정부와 지방정부, 민간 부문까지 고령화 충격을 줄일 수 있는 역할과 기능을 분담하는 유연한 정책을 채택해야 한다.

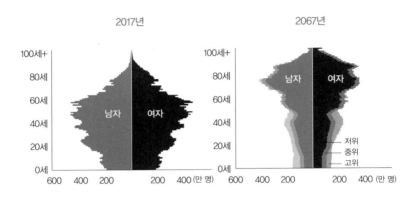

2017년   2067년

한편, 기업은 2030년 이후 선진국을 중심으로 경제인구 중 절반 이상이 50세 이상이라는 것을 인식하고 50대를 '시니어 비즈니스'의 핵심 소비자로 구분해 대응해야 한다.

건강, 노후대비에 높아지는 관심

정부와 사회가 노년을 보장하기 어려울 것이라는 예측으로 인해 대중들의 건강에 대한 관심은 높아지고 있다. '2018년 소비 트렌드'에 따르면 우리나라 소비자들은 건강(36.6%) 부문에 가장 많은 관심을 보인 것으로 조사됐다. 이는 전년도 조사에서 자산관리(30.9%), 건강(20.6%), 노후(10.3%) 순으로 조사됐던 것에 비해 건강에 대한 소비자들 관심이 높아지는 것을 알 수 있다.

기대수명이 증가함에 따라 수퍼컨슈머는 식단관리, 질병예방, 운동 등 건강 부문에 더 많은 관심을 갖게 될 것이다. 이런 변화는 직접적인 건강한 삶에서 나아가서 환경오염, 지속가능성, 기후변화 등 사회문제에도 관심을 갖게 만드는 현상으로 이어지게 된다.

또한 고령화에 따른 생활의 어려움을 보완하는 자율주행차, AI, 로봇, 웨어러블 기기 등 생활과 연관된 기술과 산업도 급부상할 것으로 전망된다.

새로운 소비계층으로 떠오른 시니어층

전 세계가 고령사회에 접어들면서 인구구조가 새롭게 구성되고 있다. 이런 변화는 기업과 시장의 환경 변화로 이어질 전망이다. 이전까지 고령 인구는 사회, 경제 부문에서 문제점으로 인식됐다. 이런 인식은 빠른 고령화가 생산가능 인구 감소나 노동력 상실을 야기해 빈곤문제 발생, 고령자 부양에 따른 청장년층의 재정 부담 증가로 나타나 사회 갈등의 원인이 될 것으로 예상했기 때문이다. 하지만 줄어든 소득에 맞춰 소비를 극단적으로 줄이는 과거의 노년층의 모습과 달리, 넉넉한 자산과 소득을 기반으로 한 새로운 시니어층이 등장하고 있다. 새로운 시니어층을 구성하게 될 이들은 50대로 기존 노동시장에서 축적한 자산과 소득으로 자기 부양능력을 확보해 기존 고령자와 다른 소비성향을 보인다. 이전까지 고령층은 충분한 자산을 확보하지 않아 노후준비가 부족했던 반면, 앞으로 고령사회의 핵심 계층이 될 50대는 이전 세대의 노후준비 부족에 따른 문제를 경험했다. 이들은 사회 초년생부터 은퇴 이후의 삶에 대한 장기적인 준비를 했기 때문에 기본적인 부양 능력을 확보했으며 문화와 여가 부문에서도 충분한 소비생활을 할 수 있는 자산을 가지고 있다.

최근에는 시니어층이 재취업을 하는 현상도 나타나고 있다. 스마트팩토리나 AI 등 4차 산업혁명이 산업 전반에 퍼지면서 물리적인 노동력보다 경험과 전문성, 네트워크 등을 갖춘 시니어들의 경쟁력이 높게 평가받고 있다. 기업은 자동화로 대체할 수 없는 시니어의 능력을 선호해 이들을 다시 노동시장에 투입하고 있다. 노동시장 복귀로 소비 여력을 확보한 시니어들은 기존 노년층의 절약 중심의 소비와 달리 분명한 성향과 적극적인 소비패턴을 보인다.

일반적으로 시니어는 50대 이상의 중장년층을 말하며 실버 세대는 65세 이상의 노년층으로 본다. 이 중 1955년부터 1963년 사이에 태어난 1차 베이비부머 세대로 기존 시니어와 다른 성향을 가지고 있는 '뉴시니어'는 유년기에 어려운 경제환경이었지만 70~80년대 고도 성장기를 거치면서 풍요를 경험하고 경제력을 축적했다. 학력이 높고 축적한 자산을 기반으로 한국 사회의 주요 소비계층으로 부상했다. 전체 지출에서 생활필수품이나 소비재보다 사치품 비중이 높고 안티에이징, 헬스케어, 레저, 관광 등에 관심이 높다.

한국방송광고진흥공사가 조사한 '2019 소비자행태조사'에 따르면, 국내 50대 소비자들은 취미생활과 해외여행을 즐긴다. 주요 관심사도 건강과 노후, 재산증식 순으로 과거 같은 연령층이 가족관계와 자녀양육을 우선했던 것과 대비된다.

기업들은 이 같은 변화를 인식해 시니어층을 새로운 소비세력으로 인식하고 적합한 제품과 서비스를 기획하고 제공하려는 움직임을 보인다. 다른 국가에 비해 고령사회에 일찍 접어든 미국을 비롯한 선진국은 시니어 시장을 구분하고 있으며 제품과 서비스뿐 아니라 매장 운영방식에도 적용하고 있다.

면도기제조사 질레트는 시니어 면도기 '트레오(Treo)'를 출시했다. 이 면도기는 타인의 도움을 받아 면도하는 고령층을 겨냥해 손잡이가 반대로 달려 있으며 면도젤이 포함된 안전 칼날 디자인을 적용했다.

통신사업자 스프린트는 55세 이상 고객만 가입할 수 있는 시니어 요금제를 내놨으며, 베스트바이는 노년층이 사용하기 쉽게 메뉴 구성을 간단하게 하고 비상 버튼이 장착된 휴대 전화를 판매 중이다. 이외에도 비상시 바로 도움을 요청할 수 있는 모바일 메디컬 서비스도 유료로 제공한다.

유통업체인 타겟은 제약 코너에 미끄럼 방지 매트를 설치하고 밝은 조명을 설치해서 고령자의 이용을 돕고 있으며, CVS는 작은 글씨를 읽기 어려운 노년층을 위해 매장에 돋보기를 비치했다.

이처럼 세계적으로 빠르게 고령화가 진행됨에 따라 기업들은 금융, 유통, 통신, 소비재 등 전 영역에서 고령 소비자 대상 전략이 필요하다. 높은 삶의 질을 추구하는 새로운 고령층 라이프스타일과 성향을 파악해 제품과 서비스에 반영해야 한다. 특히 우리나라는 전 세계적으로 가장 빠른 고령화가 진행되고 있어 국내 기업은 변화된 시장 환경에 적극적으로 대비해야 한다.

밀레니얼/Z세대가
새로운 주력 소비층으로 부상

_____ 수퍼컨슈머의 중심을 이루는 세대는 밀레니얼과 Z세대다. 밀레니얼 세대는 1980년 이후 태어나 유소년기부터 정보통신기술(IT)의 과도기를 겪은 세대를 말하며, Z세대는 1995년 이후에 태어나 출생부터 디지털 기술을 사용하며 성장한 세대를 말한다.

보통 비슷한 연령의 세대는 유사한 성향을 가지나, 밀레니얼과 Z세대는 같은 시대를 살아가면서도 그들 안에서 서로 다른 라이프스타일을 가지고 있는 것이 특징이다.

이들에게 공통점은 이전 세대와 달리 어려서부터 디지털 기술을 활용했기 때문에, 디지털과 매우 친숙하고 이를 능숙하게 다룬다는 점이다. 기존 세대가 디지털을 학습을 통해 취득했다면, 이들에게 디지털은 생활 그 자체로서 거부감 없이 사용하는 특징이 있다.

밀레니얼과 Z세대는 글로벌 금융위기 등 유년 시절 부모 세대가 경제적 어려움을 겪는 모습을 보고 자랐으며, 학자금 대출, 고용 불안정, 낮은 임금 상승률 등을 겪고 있기 때문에 기존 세대와는 다른 경제적 관념, 소비성향을 갖는다. 경제적 부담으로 이전과는 달리 소유를 적게 하는 것이 밀레니얼, Z세대의 특징 중 하나다.

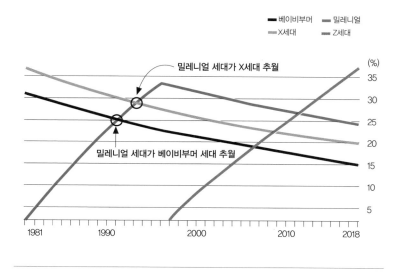

글로벌 세대별 인구비중 변화 추이

■ 베이비부머 ■ 밀레니얼
■ X세대 ■ Z세대

밀레니얼 세대가 X세대 추월

밀레니얼 세대가 베이비부머 세대 추월

(%)
35
30
25
20
15
10
5

1981   1990   2000   2010   2018

밀레니얼과 Z세대가 수퍼컨슈머로서 중요한 역할을 하는 것은 인구 중에서 가장 많이 차지하는 계층이기 때문이다. 이들은 현재 전 세계 근로자의 35%를 차지하고 있으며 빠르게 증가할 것으로 전망된다.

새로운 형태로 진화하는 밀레니얼과 Z세대

밀레니얼과 Z세대는 글보다는 사진이나 영상 등 비주얼 컨텐츠 (Visual Contents)를 활용해 소통하는 것을 선호한다. 유튜브는 Z세대를 대상으로 조사한 선호 브랜드 1위를 차지했으며, 틱톡(TikTok)

이나 스냅챗(Snapchat) 등 동영상 기능을 활발하게 사용한다.

이들은 직간접적으로 경제적 부담을 겪었기 때문에 노후생활에 대한 부담을 가지고 있으며, 이런 성향은 기존 세대와 다른 경제관념으로 드러나고 있다. 우선 금융, 부동산 투자 등 전통적인 방법이 아닌 다른 방법으로 자신만의 자산을 활용하며, 이는 다양한 형태로 나타난다.

욜로(YOLO)족은 미래에 대한 준비 대신 현재 자신이 즐길 수 있는 행복을 최우선으로 여기고 삶의 질을 높이는 데 아낌없이 투자하는 집단이다. '인생은 한 번뿐(You Only Live Once)'이라는 가치로 자신만의 만족과 가치를 높이는 데 집중한다.

코스파(COSPA)족은 욜로족과는 다른 성향을 가진 집단이다. '비용대비효과'라는 뜻의 코스트 퍼포먼스(Cost-Performance)를 최우선해 먹는 것, 입는 것, 사는 것 하나에도 효율을 중시하고 저렴한 가격을 최고의 가치로 꼽는다. 코스파족은 한정된 예산으로 최대한의 가치를 추구하기 때문에, 결국 자신을 위한 소비를 한다는 특징이 있다.

또한 조기 은퇴를 위해 극단적인 방법을 동원해 소비를 최대한 줄이고 수입의 70% 이상을 저축하는 '파이어(Financial Independence, Retire Early, FIRE)족'도 있다. 대부분 젊은 엘리트 직장인들인 이들은 30대 후반에서 40대 초반에 은퇴하기 위해 극단적인 절약을 선택한다.

이들은 서로 다른 방법을 사용하지만 결국은 '나를 위한 소비',

'자기중심적 소비'를 추구한다는 점이 같다. 제품 본연의 가치를 자신의 기준으로 판단해 구입한다.

밀레니얼/Z세대는 신뢰를 바탕으로 소비를 하기 때문에, 기존 세대가 거대 글로벌 브랜드 제품을 선호하는 것과 달리 자신의 취향과 가치에 맞는 좋은 제품을 만드는 작은 회사 상품을 선호한다. 특히, 소셜미디어의 사용자들이 공유하는 경험은 신뢰의 기반이 되고 있으며, 제품구매 시 경험을 담은 리뷰는 단순한 참고요인이 아니라 핵심 구매요인(Key Buying Factor)으로 작용한다.

하지만 상품이나 서비스 본연의 가치보다 거품으로 인해 가격이 높거나 거짓된 정보로 과장된 제품과 브랜드는 철저하게 외면하고, 관련 정보를 적극적으로 주위 사람들에게 공유하는 특징이 있다.

디지털 채널을 선호하는 밀레니얼과 Z세대

맥도날드에 들어가 길게 늘어선 줄을 기다려 메뉴에 있는 사진만을 보고 매장 직원에게 주문했던 모습은 이제 과거가 되었다. 이제는 매장마다 여러 대 설치되어 있는 키오스크에서 각 품목의 칼로리와 최근 유행하는 메뉴까지 확인하면서 더 빠르고 손쉽게 주문할 수 있다.

이처럼 수퍼컨슈머들은 일반적으로 직원과 직접 대면하는 아날로그 채널보다 대기시간과 처리시간이 짧고, 시간과 장소의 구애를 받지 않고, 직원 대면의 부담이 적은 디지털 채널을 선호하게 된다.

앞으로는 AI가 결합한 키오스크와 디지털 채널이 등장하게 된다.

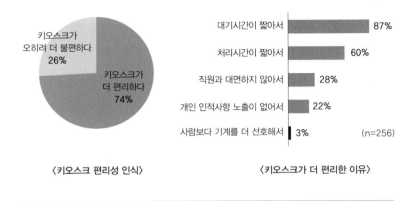

[설문조사] 소비자의 키오스크에 대한 인식

키오스크가 오히려 더 불편하다 26%

키오스크가 더 편리하다 74%

대기시간이 짧아서 87%
처리시간이 짧아서 60%
직원과 대면하지 않아서 28%
개인 인적사항 노출이 없어서 22%
사람보다 기계를 더 선호해서 3%
(n=256)

〈키오스크 편리성 인식〉　　〈키오스크가 더 편리한 이유〉

일부 디지털 채널은 능숙한 직원보다 더 많은 일을 처리하고 있다. 이렇게 새로운 디지털 채널은 소비자에게 더 다양하고 편리한 경험을 제공하고, 매장의 무인화 추세와 맞물려 빠르게 직원들을 대체할 것이다.

정보통신기술진흥센터가 발표한 '무인화 추세를 앞당기는 키오스크' 보고서에 따르면, 키오스크가 더 편리하다고 답한 소비자는 74%로, 비대면 디지털 채널을 선호하는 것을 알 수 있다. 키오스크를 선호하는 이유는 짧은 대기시간과 처리시간이 각각 87%와 60%, 직원을 대면하지 않는 점이 28%를 차지했다.

밀레니얼 세대는 디지털 채널 선호가 다른 세대에 비해 강하다. 무인화 추세를 앞당기는 키오스크 보고서에 따르면, 밀레니얼 세대의 경우 콜센터에 전화해 본 적이 없거나, 모든 고객 서비스를 앱으로 이용한다는 비중이 85%에 달한다. 상담원보다 챗봇이 좋다는 소비자도 24%에 달했다. 키오스크를 선호하는 밀레니얼 세대는 87%로 기존 X세대(70%) 대비 디지털 채널 선호도가 높다.

적극적으로 찬사와 비판을 하는 시장 참여자

밀레니얼/Z세대는 이전 세대와 확연하게 다른 소비, 투자성향을 갖고 있다. 유행을 따르는 것이 아니라 유행을 만드는 트렌드 세터(Trend Setter)로서 역할을 한다. 어린 시절부터 인터넷, SNS, 스마트폰을 다뤄온 이들은 다양한 정보를 수집하고, 서로 정보를 교환하며 가상과 실제를 오갈 수 있는 디지털 네이티브이다. 제품과 서비스가 마음에 들었을 때는 찬사를 보내고, 마음에 들지 않거나 부당하게 느껴지면 곧바로 비판을 하고 개선을 요구한다. 기업들이 이전 세대에게 대응했던 기존 방식은 이들에게 통하지 않는다.

밀레니얼/Z세대는 개인의 정체성과 부합하는 소비, 표현으로서의 소비, 그리고 윤리적인 소비를 하기 때문에 기업들은 소유가 아닌 그에 맞는 가치를 제공할 수 있는 제품과 서비스를 개발해야 한다.

기존 세대가 글로벌 브랜드 제품을 선호하는 것과 달리, 밀레니얼과 Z세대는 자신의 소비철학과 맞는 작은 회사 상품을 선호하는 경향을 보인다.

이런 성향은 LATTE(Local, Authentic, Traceable, Transparent and Ethical)로 대표되는데, 이는 현지에서 생산된(Local), 진정성 있고

(Authentic), 추적이 가능하며(Traceable), 투명하고(Transparent), 윤리적인(Ethical) 방법으로 제조, 유통되는 상품을 구매하는 것이다.

이전에도 LATTE 소비성향을 가지고 있는 사용자는 있었지만, 제조사에서 제공하는 제한된 정보로는 적합한 제품을 찾는 것이 어려웠다.

하지만 AI, 블록체인 등 디지털 기술의 발달로 제품 제조, 유통 관련 이력을 추적할 수 있게 되면서 LATTE에 해당하는 제품을 구분하기 쉬워졌고, 이는 기업들이 제품과 서비스 개발에 LATTE를 충족하도록 유도하고 있다.

- **현지생산(Local)**: 단순히 가까운 곳에서 재배된 신선식품만을 일컫는 것이 아니라 지역 공장, 노동자가 생산한 제품을 포함한다. 해당 지역 재료가 사용되거나 첨가되며, 지역의 요구가 반영된 상품도 포함된다. 현지 생산제품은 지역 경제에 이바지할 뿐 아니라 제품의 운송거리를 단축함으로써 운송 중에 발생하는 온실가스의 양을 줄여 환경보호에도 기여할 수 있다.
  도시에서 태어나고 자란 밀레니얼/Z세대는 현지에서 생산된 제품을 소비해 도시 환경에서 공동체 내의 소속감을 느끼고 싶어하며, 이를 위해 기꺼이 추가비용을 지불한다.
- **진정성(Authentic)**: 자사의 핵심 가치에 대해 진정성을 가지고 제품과 서비스를 제공하는 것을 말한다.
  밀레니얼과 Z세대는 이전 세대와 달리 풍족하고 윤택한 생활을

거쳐왔기 때문에, 수많은 제품과 서비스 중 진정성 있는 회사에
가치를 부여하고 있다.

- **추적가능(Traceable)**: 물품의 유통경로를 생산 단계부터 최종 소
비 단계 또는 폐기 단계까지 추적이 가능한 이력추적은 부품부터
완제품까지 확대되고 있다. 나이키는 전 세계 생산 공장의 주요
정보를 앱으로 공개해 소비자들 자신이 사용하는 제품이 어떤 환
경에서 만들어지는지 정보를 제공하면서 신뢰도를 높이고 있다.
밀레니얼과 Z세대는 제품에 사용되는 원재료의 성분과 수집 방
법, 공급자 선정 과정, 친환경적인 제조 과정에 대해 알고 싶어 한
다. 필요에 의해 소비하려는 것이 아니라 소비를 통해 정체성을
강화하려는 경향이 있기 때문이다.

- **투명성(Transparent)**: 기업의 투명성은 제품개발뿐 아니라 운영
까지 정보의 비대칭이 사라지고 누구나 정보에 투명하게 접근할
수 있는 것을 말한다.
미국 식료품업체 '홀푸드(Whole Foods)'는 유전자변형식품
(Genetically Modified Organism, GMO) 관련 정보를 제공하고 있
다. 자사가 취급하는 모든 식료품에 GMO 관련 정보가 제공될
수 있도록 검증과정을 거치고 있다.
밀레니얼과 Z세대는 제품이나 서비스를 사용하면서 얻은 정보를
기업과 소통하고 싶어한다. 일방적인 정보 제공이나 제한된 소통
은 기업의 신뢰하락으로 이어진다. 핀테크 기업들이 투명성을 높
인 사업모델로 전통적인 금융업체들의 비효율적인 고비용 체계

의 사업을 위협할 수 있는 이유도 바로 이러한 투명성의 차이 때문이다.

● **윤리성**(Ethical): 기업의 윤리성은 오랜 세월 소비의 판단기준이 되어왔으나 밀레니얼과 Z세대를 중심으로 더 큰 영향력을 발휘하고 있다. 소비자들은 기업들이 제조과정에서 환경과 인권을 보호하면서, 더 나아가 건강에 이로운 제품을 생산하기를 요구하고 있다.

의류업체인 파타고니아는 가장 많은 소비수요가 발생하는 블랙 프라이데이에 자사의 옷은 친환경적 공법으로 제조되었지만, 최소한의 환경 파괴는 불가피하다며 되도록 자사의 옷을 사지 말라는 홍보를 했다. 소비자들은 이 캠페인을 통해 파타고니아의 윤리성에 대해 더욱 신뢰하게 됐다.

파괴적 혁신을 불러오는 핵심 디지털 기술 02

디지털 기술의 변화 속도와 영향

_____ 앞으로 다가올 디지털 기술은 산업과 사회 전반에 걸쳐 변화의 속도, 영향 측면에서 지금까지의 기술 진화와는 차원이 다른 초대형급 쓰나미와 같은 변화를 예고하고 있다.

디지털 기술은 이미 대부분의 회사에서 일상적으로 사용되고 있다. 하지만 새로운 디지털 기술은 과거보다 더 강력해서 기존 제품과 서비스의 생존에 영향을 미칠 정도로 막강해졌다.

새로운 디지털 기술을 어떻게 활용할 것인지에 따라 기업의 성패가 결정될 것이다. 상품과 서비스가 상향 평준화된 상태에서 얼마나 빨리 고객에게 맞춤형 상품과 서비스를 제시할 수 있는지가 기업의 경쟁력이 된다. 디지털 기술의 영향력은 갈수록 확대되기 때문에 기업이 아닌 산업 전체를 재정의하는 파괴적인 현상도 나타날 것이다.

세계적인 미래학자인 레이 커즈와일(Ray Kurzweil)은 미래 예측서 〈특이점이 온다 Singularity is Near〉에서 기술이 비약적으로 발전해 인공지능이 인간의 지능을 뛰어넘을 것이라고 예상했다. 그는 '수확 가속의 법칙'을 통해 인류는 전례 없는 기술 혁신으로 각 분야에서 혁명적인 변화를 겪을 것이라고 소개했다. 유전학, 나노기술, 로봇공학을 중심으로 그동안 불가능했던 한계가 깨지면서 건강과 수명에 대한 원초적인 부문을 시작으로 학습, 일, 놀이까지 기존의 방식과 형태가 깨질 것으로 전망한 것이다.

커즈와일은 앞으로 인류는 생물학적, 기술적으로 더 나은 산물을 만들어 다음 세대의 진화에 사용하며, 더 빠르고, 효율적인 도구를 설계, 제작해 '수확'하기 때문에 진화의 속도가 기하급수적으로 증가하고 선순환 고리를 만들 것으로 내다봤다. 생물학적으로나 기술적으로 더 우월한 존재와 기술이 등장해 기하급수적으로 성장하는 환경이 일반화된다는 이야기이다.

일례로 300년 전에는 문서를 편집할 수 있는 기술이 혁신으로 여겨졌지만, 과학과 기술의 발달로 이제는 사람의 DNA까지 편집할 수 있는 시대가 왔다.

기술이 빠르게 진화하면서, 기존 기술이 상용화되기 전에 차세대 기술이 개발되는 '추월 개발' 상황까지 만들고 있다. 기술의 수명주기가 점점 짧아지고 있다.

이동통신 기술의 경우 지금까지는 새로운 기술이 등장한 뒤 시장에 안착하고, 기술이 충분히 확산된 이후 새로운 기술이 등장하는 것이 일반적이었다. 하지만 이제는 새로운 기술이 시장에 등장하기 전에 다음 세대 이동통신 기술이 개발되고 있다. 우리나라와 일부 국가에서 도입된 5G는 2020년 상용화될 예정인데, 중국은 이미 다음세대 기술인 6G 개발을 시작했다. 중국은 2030년 6G 상용화를 목표로 하고 있다.

프린터 부문에서도 비슷한 기술 추월 현상이 나타나고 있다. 3D 프린터가 아직 충분히 시장에 보급되지 않았지만, 이미 4D 프린터가 개발 중이다. 4D 프린터는 온도, 압력, 습도에 따라 스스로 변형하는 스마트 소재를 활용해 소비자가 원하는 물체를 만들 수 있다. 고정된 형태가 아니라 온도에 따라 수축 또는 팽창해 모습이 바뀌는 제품이 등장할 수 있다. 기술 진화의 속도가 빨라질수록 기술 수명주기는 짧아지고, 새로운 기술은 이전 기술을 발판 삼아 더 빠르게 등장하고 있다.

혁신의 속도가 빨라지는 것은 기술 자체의 고도화와 함께 기술을 사용하는 사람들에게도 영향을 미치고 있다. 기술의 진화에 맞춰 사람들의 기술 수용도가 높아지면서 혁신의 확산이 가속화되는 것이다.

세계적인 ICT 전략 컨설턴트 래리 다운즈(Larry Downes)와 폴 F. 누네스(Paul F. Nunes)는 사람들이 혁신기술을 수용하는 과정이 기

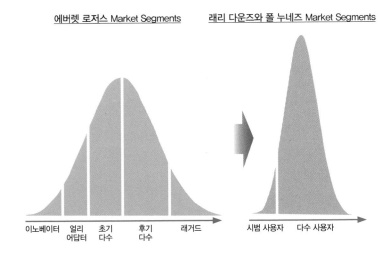

에버렛 로저스 Market Segments　　　　래리 다운즈와 폴 누네즈 Market Segments

이노베이터　얼리　초기　후기　래거드　　　시범 사용자　다수 사용자
　　　　어답터　다수　다수

주: 혁신수용주기는 로저스의 혁신확산이론에서 밝힌 5단계에서 초기에 빠르게 테스트해 보고 이후 다수가
　　수용하는 2단계로 축소되고 있음

존 5단계에서 2단계로 단축됐다고 설명하고 있다.

　지금까지 새로운 기술이 확산되기까지는 '인지(Awareness)', '관심(Interest)', '평가(Evaluation)', '시용(Trial)', '수용(Adoption)'의 5단계를 거치는 '혁신확산이론(Diffusion of Innovation Theory)'이 활용됐다. 새로운 기술을 받아들이는 사람들도 각 단계에 맞춰 '이노베이터(Innovators)'와 '얼리 어답터(Early Adopters)'가 우선 받아들이고, 이후 '초기 다수(Early Majority)', '후기 다수(Late Majority)', 최

후 수용자인 '래거드(Laggards)'를 통해 확산이 이뤄졌다. 새로운 기술은 각 단계별로 수요가 정체되는 현상인 '캐즘(Chasm)'도 뛰어넘어야 하기 때문에 확산의 속도는 단계를 거치면서 느려질 수밖에 없었다.

하지만 짧아진 기술수명주기는 소비자들이 복잡한 과정을 경험할 수 있는 여유를 주지 않는다. 이 같은 변화를 소비자들은 SNS를 통한 학습으로 대응하고 있다. 새로운 기술이 등장하면 최초 소비자들은 직접 기술을 써보고 SNS를 통해 공유하는 단순한 구조로 연결된다. 다른 소비자들은 SNS를 통해 서로 학습하고 정보를 공유해 빠르게 확산시킨다. 소비자들은 이미 새로운 기술과 변화에 익숙해져 있어 기술의 진화 속도만큼 적응 속도도 빨라진 것이다.

산업의 파괴적 혁신을 불러오는
3대 핵심 기술

_____ 파괴적 혁신을 이끄는 디지털 디스럽션은 특정 기술이 유발하는 것이 아니라 IT 생태계를 이루는 다양한 기술들이 융·복합적으로 작용하면서 발생한다. 클라우드는 더 많은 데이터를 생성하게 하고, 빅데이터는 AI의 알고리즘을 개선한다. AI는 더 많은 IoT 기기와 로봇을 활용하게 하고, 5G는 VR과 AR을 구현하게 해준다. 5G 연결은 블록체인으로 신뢰성을 보장받고 블록체인의 활성화는 다시 클라우드를 비롯해 다른 기술의 개선에 기여한다. 각 기술이

개별적으로 성장하는 것이 아니라 서로 상호작용을 하면서 디지털 디스럽션을 이끄는 것이다.

특히 5G, AI, 블록체인은 IT생태계의 근간 기술로 패러다임 전환을 초래하는 강력한 힘으로 작용한다. 다른 기술에 비해 5G와 AI, IoT는 '데이터', '알고리즘', '보안'이라는 가치로 연결돼 함께 상승효과를 내면서 움직인다.

5G – 모든 것을 빠르게 연결해 주는 기술

5세대 이동통신(5G)은 4세대 이동통신 LTE보다 데이터 전송 속도가 최소 20배 이상 빠른 무선통신기술이다.

이동통신은 기술에 따라 세대로 구분되는데 1G는 음성만 가능한 아날로그 셀룰러 통신(FDMA), 2G는 디지털 음성통화와 단문전송이 가능한 디지털 셀룰러 통신, 3G는 화상통화와 무선인터넷이 가능한 광대역 CDMA 방식, 4G는 고속 이동 중 100Mbps, 정지상태에서 1Gbps 고속 데이터 전송이 가능한 이동통신규격이다.

5G 환경에서는 시속 100km로 달리는 자율주행차가 위험을 감지할 경우에는 3cm 이동하는 동안 즉시 제동할 수 있고, 15GB에 달하는 UHD 영화를 단 6초 안에 내려 받을 수 있다. 우리나라는 2019년 4월 3일 SK텔레콤, KT, LG유플러스에서 5G 서비스를 시작하면서 세계 최초로 스마트폰 기반 5G 상용화에 성공해 관련 특허 선점에 나서고 있다.

5G 이동통신의 첫번째 특징은 '초광대역(enhanced Mobile

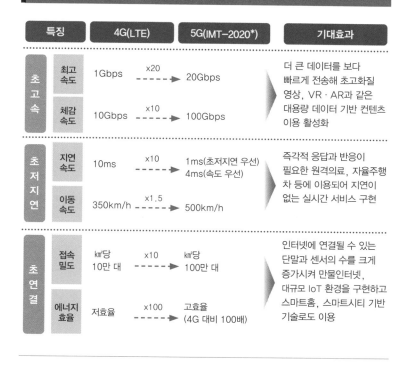

5G의 3대 특징과 기대효과

특징		4G(LTE)	5G(IMT-2020*)	기대효과
초고속	최고속도	1Gbps	×20 → 20Gbps	더 큰 데이터를 보다 빠르게 전송해 초고화질 영상, VR · AR과 같은 대용량 데이터 기반 컨텐츠 이용 활성화
	체감속도	10Gbps	×10 → 100Gbps	
초저지연	지연속도	10ms	×10 → 1ms(초저지연 우선) 4ms(속도 우선)	즉각적 응답과 반응이 필요한 원격의료, 자율주행차 등에 이용되어 지연이 없는 실시간 서비스 구현
	이동속도	350km/h	×1.5 → 500km/h	
초연결	접속밀도	㎢당 10만 대	×10 → ㎢당 100만 대	인터넷에 연결될 수 있는 단말과 센서의 수를 크게 증가시켜 만물인터넷, 대규모 IoT 환경을 구현하고 스마트홈, 스마트시티 기반 기술로도 이용
	에너지효율	저효율	×100 → 고효율 (4G 대비 100배)	

Broadband, eMBB)'이다. 5G는 최대 20Gbps의 빠른 데이터 전송 속도를 제공한다. 이에 따라 3D 화상통화, VR과 AR을 활용한 업무, 오락 등 대용량 데이터가 필요한 서비스가 가능하다.

두 번째는 '고신뢰·초저지연(Ultra Reliable & Low Latency Communications, URLLC)'이다. 기존 수십 밀리세컨드(1/1000초)였던 지연시간은 5G에서는 1ms 수준으로 낮아진다. 초저지연은 로봇 원격제어,

자율주행차 등 실시간 대응이 필요한 분야에 꼭 필요한 기능이다.

세 번째는 '대량연결(massive Machine-Type Communications, mMTC)'이다. 수많은 가정용, 산업용 IoT 기기들이 서로 연결돼 상호작용을 하는 환경에서 필요한 기술이다. 5G 환경에서는 1제곱킬로미터 내에 100만 개의 기기들을 연결할 수 있는데, 이는 같은 면적의 4G보다 10배 많은 수준이다.

이런 5G 특징은 앞으로 폭발적으로 늘어날 각종 스마트 기기, 센서가 상호연동되는 IoT 환경과 자율주행차를 위한 필수 요소다.

5G는 사람과 커뮤니케이션을 해왔던 기존 이동통신서비스를 넘어 모든 사물을 연결해 기존 서비스를 개선하고, 혁신적 융합서비스 창출을 가능하게 만든다. 또한 5G는 새로운 시장과 서비스를 만들어 개인뿐 아니라 기업, 공공, 사회 전반의 변화를 가져오는 원동력으로 꼽히고 있다.

5G의 등장은 3가지 특징을 기반으로 하는 새로운 시장을 이끌 것으로 전망된다. 초고속은 기존 유선인터넷을 무선인터넷으로 대체하는 '고정형 무선접속(Fixed Wireless Access)', 클라우드 방식의 VR/AR 게임과 방송을 포함하는 '실감형 컨텐츠', 4K나 8K로 촬영된 '초고화질 영상' 시장을, 초저지연은 실시간 데이터 전송과 정밀함이 요구되는 '자율주행 차량', 공장의 다양한 기기들이 직접 통신해 제어가 가능한 '스마트 팩토리', 고화질 화상통화 등을 통해 정밀한 원격진료가 가능한 '디지털 헬스케어' 시장을 열 것으로 보인다. 초연결은 전력 수요자와 생산자를 쌍방향으로 연결해 주는 '스마트

에너지', 공간 정보를 IoT로 연결해 최적화하는 '스마트 시티', 가정과 직장에 있는 IoT 기기를 확산, 제어할 수 있는 '스마트홈, 스마트 오피스' 부문을 부상시킬 전망이다.

5G는 소비자들이 다양한 서비스를 경험할 수 있는 기반이 된다. 최대 20Gbps '초고속' 데이터 전송이 가능해지면 VR, AR를 통한 쇼핑, 커뮤니케이션이 가능해진다. 소비자들은 오프라인 현실과 차이가 없는 수준의 VR, AR 기반 컨텐츠를 직접 만들어낼 수도 있다. 교육 부문에 적용해 몰입도 높은 원격교육도 가능해진다. 또한 자율주행 차량, 원격진료 등을 통해 안전과 건강관리 측면에서도 새로운 경험을 할 수 있다.

IoT가 확산되면서 에너지 소비, 생산과 관련 데이터가 교류되며 개인 간 에너지 거래가 활성화되고, 이동환경도 차량과 차량이 데이터로 통신하는 V2V(Vehicle-To-Vehicle)로 전환돼 사고를 예방하고, 이동에 드는 시간과 비용은 더 낮아진다.

AI – 디지털 혁명의 핵심 기술

AI는 1950년대부터 연구됐지만 과거 처리능력과 기반기술의 한계로 인해 군사, 교육 등 일부 영역에만 활용됐다. 가격도 높아서 기업에서 활용하는 것도 부담이 됐다. 하지만 인터넷과 스마트폰의 등장은 AI의 연산 성능과 속도 개선을 이뤘고, 일반 기업과 소비자도 사용할 수 있을 정도로 대중화됐다.

최근 AI가 주목받는 이유는 수집할 수 있는 데이터의 종류와 양이 기하급수적으로 증가하고 있고, 이를 분석할 수 있는 충분한 컴퓨팅 파워와 네트워크가 확보됐기 때문이다.

구글, 애플, 아마존 등 IT기업들은 AI를 자사 서비스에 도입해 강화하고 있으며, 제조업에서도 업무효율성을 높이는 데 AI를 활용하고 있다.

AI의 첫 번째 특징은 반복적 학습과 데이터를 기반으로 작업을 자동화할 수 있다는 점이다. AI는 로봇과 같은 물리적인 자동화가 아닌 데이터를 기반으로 하는 작업의 자동화가 가능하다. AI의 학습과 능력에 따라서 복잡한 업무도 자동화해 처리할 수 있다.

두 번째는 기존 제품과 결합해 고도화된 작업을 할 수 있다는 점이다. 이미 사용 중인 PC, 스마트폰 등에 결합할 수 있고, 공장의 로봇에서부터 가정의 세탁기, 냉장고 그리고 자동차에도 결합해 기능을 개선할 수 있다.

세 번째로 알고리즘을 통해 스스로를 개선한다는 점이다. AI는 데이터의 구조와 규칙성을 찾아내고 학습을 통해 기능을 개선할 수 있다. 새로운 학습과 추가 데이터 분석을 통해 정해진 방식이 아닌 새로운 방식으로 업무를 할 수 있다.

마지막으로 AI는 데이터의 활용성을 극대화할 수 있다. AI는 취합한 데이터를 모아서 개별 데이터에서는 파악하기 어려운 연관성을 찾아낼 수 있다. AI로 분석한 데이터는 치열한 사업경쟁에서 비교우위를 갖게 해준다.

AI는 인간이 가진 6가지 인지 기능 중 '학습과 숙련(Learn &

Master)', '속도와 정확성(Speed & Accuracy of Task Execution)' 부문에서 조만간 사람을 초월한다.

옥스퍼드대학과 예일대학의 공동연구 논문에 의하면, 2050년이 되면 모든 업무에서 AI가 사람을 능가할 가능성이 50%에 달할 것으로 전망된다.

AI는 이미 의료와 금융 등 일부 영역에서 사람의 한계를 뛰어넘는 초지능체로 발전하고 있다.

구글은 AI를 활용해 4만여 장의 컴퓨터 단층 촬영(Computer Tomography, CT) 자료를 보고 학습해 94.4% 정확도로 폐암 진단을 할 수 있다.

미국 최고의 금융 AI 회사 '켄쇼(Kensho)'의 분석프로그램을 사용하면, 50만 달러의 연봉을 받는 애널리스트가 40시간에 걸쳐 하는 작업을 수분 내로 처리할 수 있다. 실제 골드만삭스의 자동주식 거래 프로그램이 도입된 후 트레이더 10명 몫을 프로그래머 1명이 대신하는 것으로 파악되고 있다.

AI의 진화는 스스로 학습하는 수준까지 도달했다. AI는 사람과 달리 쉬지 않고 혼자서 지속적으로 학습할 수 있어 사람을 뛰어넘는 AI가 등장할 날이 얼마 남지 않았다.

이세돌 9단과 바둑 대결로 유명한 구글 AI '알파고 리(AlphaGo Lee)'는 7개월간 수천 명의 바둑고수의 기보를 익혔다. 하지만 구글이 이후 개발한 최신 AI '알파고 제로(AlphaGo Zero)'는 기보 없이 스스로 시행착오를 거쳐 요령을 터득하는 '강화학습(Reinforcement

Learning)'이 적용됐다. 알파고 제로는 강화학습을 통해 바둑을 독학하고 '알파고 리'와 대국한 결과 100전 100승을 기록했다. 알파고 제로는 한수에 0.4초가 걸리는 초속기 바둑으로 3일 만에 490만 판을 연습할 수 있었다.

AI가 적용되는 분야가 확대되면서 일상생활에 깊숙이 자리 잡게 될 전망이다. 특히, AI는 '로봇자동화(Robotic Process Automation, RPA)'와 결합해 업무를 확장하고 지원하게 된다.

이전까지 RPA는 관리자가 사전에 지정해 준 업무만을 반복적으로 수행했다. 하지만 AI가 적용되면 업무담당자 지원을 통한 자율학습, 비정형 데이터 분석을 통한 의사결정도 가능해진다.

AI가 도입되면서 업무방식도 근본적으로 변화될 전망이다. 세계 최대 헤지펀드사 '브리지워터 어소시에이츠(Bridgewater Associates)'는 기업의 크고 작은 결정을 대신해 줄 AI '프리OS (PriOS)'를 개발 중이다. 회사는 향후 5년 내에 경영과 관련한 의사결정 중 75%를 AI로 대체하고, 업무효율을 높이기 위해 직원들의 업무지원에 AI를 도입할 계획이다.

AI는 여러 형태의 로봇과 결합해 사람들의 일상 속으로 깊이 들어오게 된다. 이미 공항이나 박물관에서 안내를 하거나 관광, 교육 등에서 서비스를 제공하는 로봇이 등장했으며, 사람의 감정에 반응하고 학습하는 로봇도 나와있다. 앞으로는 요리사도 로봇으로 바뀔 수 있다. 레시피만 입력하면 재료와 도구를 활용해 음식을 제조하는 로봇도 등장했다. '몰리로보틱스(Moley Robotics)'가 개발한 로봇은

쉐프가 요리하는 장면을 3D모션 캡처 기술을 활용해 저장하고, 이를 바탕으로 조리할 수 있다.

블록체인(Blockchain) – 혁신을 확산시키는 촉매제

블록체인은 빠르게 진화하는 디지털 기술에 대한 보증서와 같다. 분산대장 기술, 분산형 네트워크로도 불리는 블록체인은 관리 대상 데이터를 네트워크에 참여하는 모든 사용자에게 분산, 저장하는 기술이다. 각 참여자가 가지고 있는 정보는 '블록'에 저장되고, 각 블록은 고리(체인)로 연결돼 있다. 블록체인은 신뢰성 인증을 중앙이나 특정 개인이 아닌 참여자 전체가 하기 때문에 디지털의 단점인 복제, 위변조에 대한 우려를 없앨 수 있다.

블록체인의 장점은, 첫째 분산성이다. 전통적인 중앙집중 방식에서 벗어나 거래의 내용을 분산해 저장한다. 중앙집중 방식은 시스템의 오류나 성능저하에 따라 서비스를 사용할 수 없었지만, 블록체인은 일부 오류가 발생해도 사용하는 데 문제가 없다.

둘째는 확장성으로 네트워크 참여자는 누구나 연결 또는 확장할 수 있다. 데이터 공유가 필요한 시스템 간 확장이 용이하고 새로운 시스템을 연계하기도 수월하다.

마지막으로 보안성이다. 거래내용을 네트워크 참여자 모두가 소유해 블록체인 내에 데이터 조작이나 위조가 불가능하다. 이전까지 디지털 정보는 특정 서버, 위치에 저장되기 때문에 위조, 변조에 대한 위험이 존재했다. 하지만 블록체인은 관련 정보를 참여자 모두에

블록체인의 특징 및 장점

분산 인프라 기술의 특징

디지털 인증
참여자들이 네트워크를 기반으로 디지털 공간에서 스스로를 인증하는 구조

확인 가능한 거래 기록
거래가 언제 어디에서 발생했는지 모두 확인 가능

자율적인 계약 수행
사전 정의된 조건 충족시, 해당 거래가 자동으로 발생 (스마트 컨트랙트)

블록체인 기술의 구체적 특징

거래기록의 불변성
형성된 데이터는 추후에 변경 불가

투명성
거래 내용 및 당사자에 대한 기록이 쉽게 확인 가능

빠른 확장성
네트워크의 노트들이 빠르게 추가될 수 있는 기술 구조

게 분산해 저장하는 구조를 가지고 있어 특정인의 임의 조작이 불가능하다.

블록체인은 이런 특징 때문에 안전한 정보와 자금이동 등 다양한 분야에서 활용되고 있다.

금융 부문에서는 기관 간 송금, 결제 등 거래 시, 상호 신뢰 하에 빠르고 간소화된 금융서비스가 가능하다. 산업 부문에서는 상품, 재고관리 등의 전산화, 중개기관을 대체하는 거래 플랫폼 개발에 활용되고 있다. 교육과 크라우드 펀딩 등 참여자가 공동 인증할 수 있는 분야에 활용돼 투명성을 제공한다. 블록체인은 신뢰성이 중요한 공공분야에서 잠재력이 높다. 신원 확인, 의료정보 제공, 투표, 치안,

공공서비스, 자산이력 추적, 교통과 전력 등 공공인프라 관리에도 활용될 수 있다.

시장조사업체 가트너는 블록체인이 다양한 분야에 활용돼 2030년까지 3조 1,000억 달러의 비즈니스 가치를 창출할 것으로 전망하고 있다.

블록체인이 사회 곳곳에 활용되면 그동안 신뢰성이 필요했던 분야에 논란 자체가 사라지면서 소비자는 새로운 패러다임을 경험하게 된다.

자동차와 부동산, 식자재 유통 부문에서는 판매자와 구매자 간의 정보 불균형으로 인해 저급품이 유통될 수 있는 '레몬마켓(Lemon Market)'이었다. 하지만 블록체인이 도입되면 제조정보, 유통정보, 원산지와 가공정보 등 해당 물품과 관련된 투명한 정보를 판매자와 공급자가 동등하게 접근할 수 있어 레몬마켓 자체가 소멸하게 된다.

투명성과 함께 절차도 간소화된다. 부동산 부문에서 블록체인은 소유권 증서의 등록, 추적과 양도를 검증할 수 있다. 복잡한 권리 확인과 문서의 위변조도 바로 확인할 수 있다.

헬스케어 시장에서는 안전하게 암호화된 의료정보 제공이 가능하고, 인사 부문에도 활용해 이력 조작 등 위험을 줄이는 동시에 발급과 보관에 드는 비용, 과정을 간소화할 수 있다.

블록체인은 업무와 일상생활에도 적용되고 있다. 우크라이나 중앙선거관리위원회는 선거에 블록체인을 도입할 계획이다. 우크라이나는 블록체인 선거를 통해 투명성을 확보하고 선거비용(투표소 당

1,227달러)도 절약할 수 있을 것으로 기대하고 있다. 이외에 태국 민주당도 당 예비선거에 블록체인을 활용했다.

블록체인은 중앙집중 구조에서 벗어나 개인 간 신뢰할 수 있는 거래가 가능하기 때문에 중개 과정을 없앨 수 있다.

블록체인은 구매자와 판매자를 직접 연결시켜 수수료를 없앨 수 있고 해외 송금, 부동산 거래, 민감한 개인정보 조회 등에 활용해 비용과 시간을 최소화할 수 있다.

이처럼 블록체인은 특정 부문이 아닌 거래정보의 관리, 이관, 공유, 보안 등이 필요한 전 산업군에 적용돼 영향력을 미칠 수 있는 파괴적인 기술로 꼽히고 있다.

PART

2

수퍼컨슈머의
5대 특성

디지털 어시스턴트로
무장한 수퍼컨슈머

디지털 어시스턴트는 오래 전부터 사람들의 업무를 돕기 위한 목적으로 사용되어왔다.

초기 마이크로소프트 오피스 프로그램에는 클립모양의 캐릭터 '클리피(Clippy)'가 있었다. 클리피는 오피스 프로그램의 사용방법을 알려주는 캐릭터로, 초창기의 디지털 어시스턴트로 볼 수 있다. 디지털 어시스턴트는 단순히 특정 작업을 도와주는 형태에서, 자연어를 학습하고 분석하는 수준까지 발전해 왔다.

디지털 어시스턴트는 진화하며 다양한 명칭으로 불려왔다. 디지털 비서(Digital Secretary), 디지털 도우미(Digital Helper), 디지털 대리인(Digital Agent), 디지털 집사(Digital Butler) 등 기능에 따라 구분되고 있다.

이런 용어들은 그동안 디지털 어시스턴트가 한정된 분야에서 자동화 기능만을 수행해 왔기 때문에 사람을 보조하는 의미로 사용됐다. 하지만 앞으로 인공지능(Artificial Intelligence, AI)이 접목되면서 미래에는 디지털 어시스턴트의 가치는 확대돼 업무를 알려주고 조언하는 디지털 코치(Digital Coach)의 역할을 수행할 것이다.

MIT 경영대학원의 마이클 쉬라즈(Michael Schrage) 교수는 AI가 단순한 개인비서가 아니라 사람의 능력을 향상시키는 '증강화된 자아성찰(Augmented Introspection)'로 해석될 것이라고 주장하고 있다.

AI가 지속적으로 발전함에 따라 좀 더 복잡한 인간의 두뇌 노동을 대체할 것으로 전망된다. 옥스퍼드대와 예일대가 공동으로 작성한 〈언제 AI가 인간의 능력을 넘어설까? *When Will AI Exceed Human Performance?*〉 논문에 따르면, AI는 2024년에 언어번역, 2026년에 고등학교 수준 에세이를 작성할 수 있고, 2031년에는 매장관리, 2049년에는 베스트셀러 소설 집필이 가능하다. 2053년에는 외과의사 업무도 할 수 있을 것으로 전망된다.

누구나 디지털 어시스턴트를 손쉽게 활용할 수 있게 되면서 생활의 사소한 결정부터 업무에서 부딪히는 낯선 분야에서도 항상 전문가의 도움을 받을 수 있게 된다.

사소하지만 신경 써야 했던 귀찮은 일들은 AI를 통해 개선된 의사결정에 맡기고, 그 시간을 더 생산적으로 활용할 수 있게 된다.

또한 금융, 제조, 물류 등 복잡하고 역동적인 산업 부문까지 자율적인 의사결정이 가능해져 조직과 회사 전체의 효율성과 정확성

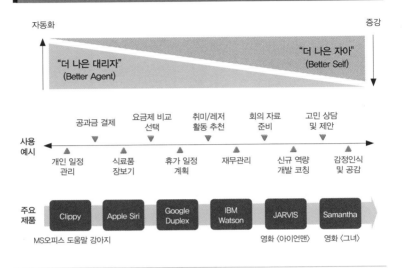

디지털 어시스턴트의 진화

자동화   증강

"더 나은 대리자"
(Better Agent)

"더 나은 자아"
(Better Self)

사용
예시

공과금 결제 / 요금제 비교 선택 / 취미/레저 활동 추천 / 회의 자료 준비 / 고민 상담 및 제안

개인 일정 관리 / 식료품 장보기 / 휴가 일정 계획 / 재무관리 / 신규 역량 개발 코칭 / 감정인식 및 공감

주요
제품

| Clippy | Apple Siri | Google Duplex | IBM Watson | JARVIS | Samantha |

MS오피스 도움말 강아지   영화 〈아이언맨〉   영화 〈그녀〉

을 향상시킬 수 있다.

AI는 로봇과 결합해 물리적인 자동화 환경으로 미래소비자에게 시간과 자원을 확보해 주고, 업무효율은 더 높여준다.

일부에서는 AI와 로봇의 확산으로 나타나는 변화가 사람들의 일자리를 빼앗을 것이라고 우려하지만, AI는 새로운 시스템을 구현하는 데 필요한 새로운 일자리를 창출하는 역할을 할 것이다.

디지털 어시스턴트는 스마트폰과 사물인터넷의 확산으로 폭발적으로 증가하고 있다. 시장조사업체 리서치앤마켓에 따르면,

2018년 디지털 어시스턴트 시장은 22억 달러에 달하며, 2024년까지 113억 달러로 성장한다. 2018년부터 2024년까지 연평균 성장률은 31%에 달한다.

구매와 쇼핑의 이원화

AI 추천 자동구매

_____ 구매와 쇼핑의 이원화는 디지털 어시스턴트 등 AI를 적극 활용해 귀찮고 번거로운 반복되는 일상적인 구매는 AI에 맡기고, 관심 있는 상품을 쇼핑할 때는 더 많은 시간과 노력을 투입하려는 성향으로 나눠지는 것을 말한다.

AI 기술 발전은 소비자들의 소비행태를 제품의 속성에 따라 '구매(Buying)'와 '쇼핑(Shopping)'으로 명확히 분리하는 '구매와 쇼핑의 이원화' 현상을 자연스럽게 유도한다.

수퍼컨슈머의 경제활동은 생활용품처럼 크게 신경 쓸 필요 없는 부문은 자동으로 재주문 되는 '구매'와 자신이 관심 있는 특정 제품

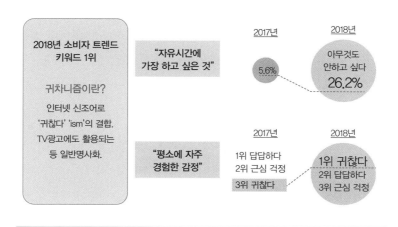

소비자들은 귀차니즘으로 인해 변화에 수동적

2018년 소비자 트렌드
키워드 1위

귀차니즘이란?

인터넷 신조어로
'귀찮다' 'ism'의 결합.
TV광고에도 활용되는
등 일반명사화.

"자유시간에
가장 하고 싶은 것"

2017년

5.6%

2018년

아무것도
안하고 싶다
26.2%

"평소에 자주
경험한 감정"

2017년

1위 답답하다
2위 근심 걱정
3위 귀찮다

2018년

1위 귀찮다
2위 답답하다
3위 근심 걱정

이나 서비스는 적극적으로 개입해 비교, 확인하는 '쇼핑'으로 나눠
진다. 구매와 쇼핑의 구분은 소비자가 해당 상품을 구매하는 데 얼
마나 시간과 노력을 투여하는지 '관여도'로 나눌 수 있다.

IT 분야 리서치기업인 가트너에 따르면, 2020년까지 생활필수품
의 50%는 IoT와 AI를 활용해 자동으로 구매될 것이며, 반면 소비자
들은 자동구매로 확보한 시간과 여유를 관여도가 높은 '쇼핑'에 더
집중하게 될 것이라고 한다.

경제활동이 구매와 쇼핑으로 나눠지는 이유는 소비자들이 한정
된 시간과 자원을 효과적으로 활용하려는 '구매행위 효율화' 요구가
높아지고 있기 때문이다. 여기에 'AI 기술의 고도화와 IoT 기기 확
산'이 결합하면서 AI가 저관여 상품 구매 부문을 빠르게 대체하게

된다.

이미 소비자들은 과도한 정보로 인한 피로감을 느끼고 있으며, 이 때문에 아무것도 하지 않으려는 소위 '귀차니즘' 트렌드도 확산되고 있다. 이런 상황에서 소비자들은 저관여 제품은 AI가 알아서 해결하길 바라는 효율화를 추구하게 된다.

공급자 측면에서는 디지털 기술을 기반으로 소비자들의 '구매'를 효율적으로 대응할 수 있는 여건을 갖추게 돼 AI를 통한 자동구매를 확대할 수 있게 된다. 고객의 구매 특성과 패턴을 빅데이터로 분석하고 맞춤형 추천이 가능한 큐레이션 기술로 소비자들이 만족할 수 있는 수준의 구매 서비스를 제공할 수 있게 된다.

소비자들은 AI와 IoT가 결합한 자동구매를 통해 제품 탐색과 구매까지 걸리는 시간을 이전 대비 10% 수준으로 낮출 수 있다. 더 이상 시간낭비 없이 필요한 부문의 재고를 확보할 수 있는 것이다. 이런 과정에서 AI를 지원하는 기기는 자동구매 확산의 핵심으로 작용한다.

AI를 통한 자동구매는 사람의 '가용성 편향(Availability Heuristics)'을 줄여주고 최고의 선택을 할 수 있도록 도와준다.

가용성 편향은 최근 발생한 사례를 가지고 어떤 사건이 벌어지는 빈도나 확률을 자의적으로 판단하거나, 자신의 경험이나 익숙해서 쉽게 떠올리는 것을 가지고 왜곡된 이미지를 만드는 것을 말한다. 가용성 편향은 더 나은 판단을 위해 새로운 정보가 아닌 당장에 접근 가능한 정보를 중심으로 의사결정을 하므로 합리적 판단을 내리

자동구매로 인한 제품 구매시간 축소

AI   IoT   Payment

자동구매 Driver

제품 구매시간이 1/10로 축소

100%

10%

현재   미래

지 못하는 문제를 낳는다. 충분한 정보 탐색을 거쳐 판단하지 않고 일차적으로 이용 가능한 정보로 비합리적 의사결정을 내리는 것이다. 예를 들어, 바다에서는 익사할 확률이 상어의 공격을 받을 확률보다 높지만, 사람들은 상어를 더 위험하게 생각해 익사보다 상어의 공격을 더 두려워한다. 또한 자율주행차 사고 뉴스를 접하면 사람이 운전하는 것보다 자율주행차가 더 위험하다고 생각하게 된다. 하지만 실제로는 자율주행차의 오류보다 사람의 실수에 의한 교통사고 확률이 훨씬 높다. 테슬라의 보고에 따르면, 주행거리당 자율주행으로 발생할 수 있는 사고는 462km마다 1건이었지만, 사람이 운전했을 때는 254km마다 1건으로 사고 위험이 절반 수준이다.

가용성 편향은 일상생활에서 발생하는 수많은 선택에 개입한다. 사용자는 자신이 더 나은 선택을 한다고 생각하나 실제는 불완전한 판단을 하는 것이다.

디지털 어시스턴트는 이런 사용자의 가용성 편향을 최소화하면서 더 나은 판단을 내릴 수 있도록 유도한다.

아날로그에서 디지털로 바뀌면서 정보의 양과 깊이는 무한으로 확장하고 있지만, 그 안에서 의미 있는 정보를 선별하고 자신에게 맞는 것을 찾기는 이전보다 어려워졌다. 유튜브에는 1분마다 4시간이 넘는 영상이 업로드 되고 있어 정보의 공급이 수요를 뛰어넘고 있다. 디지털 어시스턴트는 쏟아지는 정보 중에 필요한 정보를 취합하고 분석해 전달하기 때문에 사용자의 시간과 노력을 줄여주고 편향되지 않은 판단을 내리게 해준다.

법률과 금융, 의료 등 복잡성이 높고 전문성이 강조되는 영역일수록 디지털 어시스턴트의 역할은 중요하며, 기존 전문가를 통해서만 받을 수 있었던 양질의 조언을 누구나 받으면서 합리적인 의사 결정을 내릴 수 있게 된다. 예를 들어, 법률 부문에서 30페이지 분량의 계약서를 인간 변호사가 확인하려면 1시간 30분이 걸리지만, 디지털 어시스턴트는 30초 이내에 가능하다. 여기에 AI는 휴식이나 휴가 없이 24시간 내내 처리할 수 있다. 의학 부문에서도 디지털 어시스턴트의 역할이 커지고 있다. 구글 헬스(Google Health)와 임페리얼칼리지런던(Imperial College London)이 만든 유방암 검사 디지털 어시스턴트는 숙련된 두 명의 의사가 협력하는 것 이상의 성과를 냈다. 디지털 어시스턴트는 유방 검진 이미지를 몇 초 내에 분석할 수 있어 의사의 진단속도를 개선하는 데 도움을 주고 있다.

AI 기반 자동구매의
확산

_____ AI 스피커 확산은 음성을 이용해 디지털 기기와 소통할 수 있는 새로운 환경을 만들고 있다. 키보드 입력이 터치 입력으로 바뀌면서 더 많은 사용자를 끌어들인 것처럼, AI 스피커 확산은 전통적인 입력방식 대신 음성을 매개로 한 새로운 시장을 만들고 있다. 음성입력을 지원하는 디지털 기기가 확대되고, 음성 인식률도 높아지면서 지금까지 텍스트 입력을 중심으로 이뤄졌던 온라인 쇼핑은 제품 검색, 비교, 결제까지 한 번에 가능한 음성 중심으로 재편될 전망이다.

음성지원 쇼핑은 글로벌 AI 스피커 보급의 폭발적 확대와 연결돼 있다. 구글 어시스턴트, 아마존 알렉사, 애플 시리 등을 지원하는 AI 스피커는 2022년 3억 700만 대 규모로 성장할 것으로 예상되는데, 이는 2018년 대비 4배 성장한 규모다. 2018년 기준 우리나라는 11%, 미국은 23% 가정이 한 대 이상의 AI 스피커를 보유하고 있다. AI 스피커가 지원하는 음성인식은 스피커뿐 아니라 냉장고, 세탁기 등 생활가전 등까지 확대돼 음성으로 주문, 결제, 배송까지 한 번에 해결할 수 있는 음성기반 구매도 빠르게 증가할 전망이다.

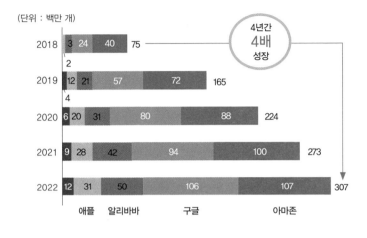

(단위 : 백만 개)

시장조사업체 보이스봇에이아이(Voicebot.ai)에 따르면, 미국 AI 스피커 소유자 중 26.5%가 AI 스피커로 제품을 구매한 경험이 있으며, 이 중 11.5%는 매월 구매에 활용하고 있다.

국내도 AI 스피커 보급대수가 급격하게 증가하고 있다. KT그룹의 디지털 미디어랩 나스미디어가 펴낸 〈2019 디지털 미디어&마케팅 전망〉에 따르면, 2019년 국내 AI 스피커 보급대수는 800만 대에 달한다. 이는 2017년 100만 대, 2018년 300만 대에서 폭발적으로 늘어난 수치로, 우리나라 전체 2,000만 가구 중 40%가 AI 스피커를 사용하고 있는 셈이다.

국내서 AI 스피커가 빠르게 보급되는 것은 SK텔레콤, KT 등 이동통신사와 네이버, 다음 등 포털의 플랫폼 경쟁이 심화되고 있기 때문이다. 기업들은 차세대 인터페이스인 음성인식 시장을 선점하려 공격적으로 투자하고 있다. 여기에 삼성전자와 LG전자 등 제조업체들도 이 부문에 뛰어들어 AI 스피커 부문은 더 빠르게 주류로 자리잡을 것으로 예상된다.

AI 기반 자동구매의 미래

_____AI를 통한 자동구매는 인터페이스 발전에 따라 음성 이외에도 제스처와 생각만으로도 자동구매가 가능한 더욱 '수퍼'해진 소비생활을 가능하게 만든다.

집안의 생활필수품이 떨어져서 불편했던 일은 과거의 일이 된다. 집안 곳곳에 있는 IoT 센서는 사용자의 제스처와 생각, 패턴을 분석해 필요한 생활필수품의 재고를 탐색한 뒤, 품질과 가격 등을 비교해 자동으로 주문해 보충한다.

음성을 넘어 뇌파까지 진화하는 차세대 인터페이스

차세대 인터페이스는 음성(Voice User Interface, VUI)을 넘어 제스처(Gesture User Interface, GUI), 뇌파(Brain-Computer Interface, BCI)까지 발전할 것으로 전망된다.

알리바바는 2018년 혼합현실(Mixed Reality, MR) 쇼핑몰 '타오바

오마이아(Taobao Maia)'를 시작했다. 소비자들은 타이핑이나 터치 인터페이스 대신 눈동자 움직임으로 원하는 상품을 선택하고 정보를 확인할 수 있다.

구글은 주파수를 이용해 별도 스캐너 없이 손동작을 인식할 수 있는 '솔리센서(Soli Sensor)'를 개발했다. 이 센서를 사용하면 영화 〈마이너리티 리포트 *Minority Report*〉에 등장하는 인터페이스처럼 팔과 손의 움직임, 작은 손동작으로도 상호작용이 가능하다.

여기에 신경망 연결기술과 결합하면 궁극적으로 소비자들이 생각하는 것만으로 상품 주문과 같은 다양한 명령을 내릴 수 있게 된다.

특히 뇌파를 인터페이스로 활용하는 연구는 최근 빠르게 발전하고 있다. 세계적인 IT 구루 레이 커즈와일은 2020년대에 인간의 뇌가 클라우드에 연결되어 뇌로 이메일과 사진을 보낼 수 있고, 생각과 기억을 백업할 수 있을 것이라고 예측했다.

브랜드 영향력을 넘어서는 AI 영향력

궁극적으로 AI는 소비자의 브랜드 선택을 대체하는 'AI 주도 구매(AI-driven Purchase)'를 발생시켜, AI플랫폼의 시장장악력은 브랜드 중심의 제조업체를 넘어설 것으로 전망된다.

이미 아마존은 AI어시스턴트 알렉사가 적용된 각종 기기와 아마존닷컴의 유통망을 기반으로 한 자동구매 생태계를 구축했다.

아마존은 알렉사를 통해 제품을 검색할 경우 상위에 노출되는 제품의 3분의 2를 자체 개발 상품(Private Label Product)으로 구성해

아마존 에코를 통한 제품 검색시 에코가 추천하는 제품

- 59% Amazon's choice
- 25% #1 Best seller
- 16% Top search rank
- 2% Sponsored product

알렉사에게 검색을 요구할 경우
2/3를 아마존 PB제품으로 권유

자연스럽게 자사 제품 구매를 유도하고 있다. 결과적으로 소비자는
AI가 큐레이션한 제품을 중심으로 선택할 수밖에 없으며, 이는 기존
에 브랜드 중심이었던 시장구조가 AI 자동구매 중심으로 재편되는
것을 의미한다.

단순 반복 업무의
자동화

아마존은 AI와 로봇으로 대체될 가능성이 큰 물류처리, 상품배송, 일반관리 직군의 인력들을 대상으로 직업 재교육을 실시했다. 미국 내 직원 10만 명을 대상으로 7억 달러를 투자하는 이 교육은 AI와 로봇의 업무 적용 범위 증가에 따라 기존 인력을 재배치하기 위해서 진행됐다.

수퍼컨슈머는 디지털 기술, AI를 통해 업무와 일상에서 해야 했던 일을 상당 부분 줄일 수 있게 된다. 문명과 기술의 발전으로 사람들은 과거 세대가 했던 일들을 하지 않아도 됐지만, 여전히 그 업무의 중심에는 사람이 어떤 방식으로든 관여해야 했다. 그러나 AI가 단순 반복적인 일들은 자동으로 처리할 수 있게 되면서 수퍼컨슈머는 귀찮은 일들은 AI에 맡기고, 더 중요한 일들에 사용할 수 있는 시간을 확보할 수 있게 된다.

디지털 어시스턴트는 많은 인력과 시간이 들었던 작업을 획기적으로 단축해 준다. 맥주업체 칼스버그는 마이크로소프트와 협력해 디지털 센서와 AI를 이용해 새로운 상품을 개발하고 있다. 맥주는 효모의 종류와 발효시간에 따라 맛이 달라져 신제품을 만들기까지 8~24개월이 소요되지만, 칼스버그는 AI를 활용해 신제품 개발기간을 3분의 1로 단축할 수 있을 것으로 예상하고 있다.

구글이 2018년 구글 I/O(개발자 컨퍼런스)에서 공개한 '듀플렉스(Duplex)'는 식당이나 미용실을 예약할 수 있는 AI 챗봇이다. 듀플렉스는 사람처럼 직접 전화를 걸어 예약을 하고, 상황에 따라 일정과 시간을 정할 수 있다. 2019년 I/O에는 더욱 진화한 '듀플렉스온더웹(Duplex on the Web)'을 발표했다. AI가 사용자의 스마트폰 내 캘린더나 이메일에 저장된 내용에 맞춰 항공권을 예매하거나 렌트카를 예약할 수 있다.

인간의 영역이라고 생각됐던 창작 활동에도 AI가 도입되고 있다. 마이크로소프트는 렘브란트 화풍의 그림을 그리는 AI '더넥스트렘브란트(The Next Rembrandt)'를 개발했다. 이 AI를 사용하면 렘브란트의 구도, 색채를 살리며 스스로 그림의 주제를 선정해 그림을 그릴 수 있다.

AI가 사람의 도움 없이 완전한 창작물을 제작하려면 더 시간이 필요하겠지만, 예술, 음악 등 특정 부문에서는 이미 부분적인 협업이 이뤄지고 있다.

AI는 사람이 만든 알고리즘에서 작동하고, 그 알고리즘을 만들기 위해서는 프로그래밍을 해야 했다. 하지만 앞으로는 AI 자체가 프로그래밍하는 시대가 올 것이다. 마이크로소프트와 캠브리지대학은 스스로 코딩할 수 있는 '딥코더(Deep-Coder)'를 개발했다. 딥코더는 기계학습 기반 자동 코딩 AI로 기존에 있는 SW를 분석해 학습한 뒤 프로그램을 만들 수 있다. 코딩을 할수록 더 많은 응용력이 생기기 때문에, 코딩을 하면 할수록 더 정교한 프로그램을 만들 수 있다.

전문 역량을 강화해 주는 디지털 코치

03

2018년 말 크리스티 경매에서 '에드몽드벨라미(Edmond de Belamy)'라는 초상화가 43만 2,000달러에 판매됐다. 고가에 팔린 이 초상화는 프랑스 인공지능단체 '오비어스(Obvious)'가 AI를 이용해 그린 작품이다. AI는 14~20세기 초상화 1만 5,000점을 학습해 초상화 알고리즘과 데이터를 사용해 초상화를 그렸다.

디지털 어시스턴트는 말 그대로 인간의 결정을 도와주고 보조하는 역할을 해 왔다. 앞으로는 인간보다 지능이 월등히 높은 AI를 활용하여 생활과 업무를 최적화할 수 있게 된다.

AI는 일상과 다양한 업무에 대한 조언자 역할을 하는 디지털 코치 역할을 수행할 것이다. 우선, 앞으로는 더 나은 결정을 할 수 있는 AI가 등장해 물건을 구입하는 사소한 결정부터 기업의 인수합병 등 중요 의사결정에 영향을 미치는 역할로 진화할 것이다.

법률 전문 코치

_____ AI가 방대한 데이터를 빠르게 취합, 분석할 수 있게 되면서 법조계와 범죄 부문에서 이미 전문성과 효율성이 입증되고 있다. AI는 여러 전문가가 수개월을 검토해야 했던 업무를 순식간에 처리하고 오류를 찾아낼 수 있다.

한국인공지능법학회가 아시아 최초로 주최한 AI와 변호사 간 대결에서는 AI 완승으로 끝났다. 근로계약서 자문을 두고 벌어진 대회에 총 12개 팀이 참가했는데, AI를 사용한 팀이 1위에서 3위를 차지했다. 대회에서 변호사가 30분간 걸린 자료 검색시간을 AI는 단 6초 만에 마쳤다.

범죄분석 분야에서도 AI가 도입돼 활용 중이다. 스웨덴 남부 스코네(Skane) 지역 경찰은 미국 AI업체 클릭뷰 솔루션을 통해 경찰 한 명이 43년 동안 분석해야 알 수 있는 10년치에 달하는 200만 건의 범죄자료를 단 3시간 만에 분석해 7년간 이민자들을 살인해 온 범인을 검거하는 데 기여했다.

미국 법률사이트 Law.com에 따르면, 미국 내 대기업은 한 달에 약 1,500건의 법률 검색을 수행하며, 한 건을 분석하는 데에 평균 62분이 소요된다. Law.com은 AI 변호사 도입으로 각 기업들이 매월 법률 검토에 필요한 1,550시간 중에서 최대 1,240시간을 단축할 수 있다고 보고 있다.

금융 전문 코치

_____ AI의 의사결정이 가장 빠르게 적용되는 부문은 금융이다. AI가 분석하기 좋은 정형 데이터로 이뤄져 있고, 수만 개의 시나리오 중에 최적의 결과도 수치로 표시할 수 있다.

신용카드 업계에서 AI는 사기, 신용등급 평가 등에 활용된다. AI가 제공하는 신용등급은 기존 신용점수 시스템에 사용된 알고리즘과 비교해 더 복잡하고 정교하게 설정할 수 있다. 신용카드 업체는 AI를 활용해 채무 불이행 위험이 높은 신청자와 신용 가치는 있지만 신용 기록이 없는 신청자를 구별한다.

비자(Visa)는 AI를 활용해 비정상적인 시간에 구매가 발생하거나, 의심스러운 활동을 할 때 결제를 거부하는 시스템을 도입했다. 비자는 매년 수십억 달러에 달하는 신용카드 사기를 예방하기 위해 지난 5년간 AI와 데이터 인프라에 5억 달러를 투자했다. 새로운 시스템은 고객이 다른 국가에서 처음으로 신용카드를 사용하는 경우 사기인지 합법적인 거래인지 파악해 바로 조치한다.

여행 전문 코치

_____ 여행업계에서 AI는 판매와 가격을 최적화하고 사기 거래를 예방하는 데 활용된다. AI는 제한된 호텔과 비행기 노선을 파악해 각 고객마다 일정에 맞는 경로와 비용을 맞춤형으로 추천할 수 있다.

중국 최대 온라인 여행사 씨트립(Ctrip)은 3억 명이 넘는 회원정보와 매일 50테라바이트(Terabyte, 1기가바이트의 1천배)씩 생산되는 데이터를 AI에 접목해 '맞춤형 여행 서비스'를 제공한다.

스카이스캐너(Skyscanner), 트립닷컴(Trip.com)을 자회사로 가지고 있는 씨트립은 AI로 수집된 데이터를 분석해 회원들의 행동패턴을 파악하고 그에 맞는 서비스를 제안한다. 호텔과 항공권 관련 고객서비스 70%는 챗봇(Chatbot)을 통해 진행하고 있다. 씨트립은 바이두와 협력해 AI를 활용해 각 회원들을 분석한 맞춤형 여행상품도 제공할 예정이다.

여행공유서비스 에어비앤비(Airbnb)는 AI와 머신러닝을 가장 적극적으로 사용하는 업체다. 검색창에 특정 지명을 검색할 경우 사용자가 클릭한 위치, 클릭한 시간, 기존 사용이력 등을 조합한 알고리즘을 이용해 가장 머무를 것으로 예상되는 장소를 찾아 보여준다. 호스트와 숙박객이 다른 언어를 사용할 경우 메시지를 자동으로 번역해서 소통할 수 있게 해준다.

주식 전문 코치

_____ 주식시장에서 데이터 중심 투자는 꾸준히 성장하고 있는 부문이다. AI는 사람들이 데이터를 처리하는 시간보다 훨씬 짧은 시간 내에 관련 사항을 파악해 투자에 대한 의사결정을 진행한다. 최근에는 소셜미디어, 뉴스 등 데이터까지 포함해 분석하고 있다. AI의 더 빠른 처리는 더 빠른 의사결정과 더 많은 거래를 의미한다.

블룸버그가 개발한 가격 예측 솔루션 'Alpaca Forecast AI Prediction Matrix'는 수백만 건의 거래 기록을 분석하고, 수요 패턴을 정의해 가격 변동을 예측한다. 블룸버그는 실시간 시장 데이터와 AI를 결합해 정교한 가격 변동 정보를 고객에게 제공하고 있다.

코치를 넘어서는
정신적 동반자

_____ 공상과학영화 〈그녀 *Her*〉에서 남자 주인공은 AI '사만다'에게 사랑의 감정을 느낀다. 사만다는 사람보다 더 감정적으로 생각하고 주인공을 위로한다. 이 같은 내용은 곧 현실에서도 볼 수 있게 된다.

앞으로 AI는 사람의 감정을 파악할 수 있는 감정지능(Emotional Intelligence)까지 발달되면서 사람보다 더 풍부한 감정을 느낄 수 있게 된다. 나아가 사람과 정신적인 교류를 하는 동반자가 된다.

임페리얼칼리지런던 뵈른 슐러(Björn Schuller) 교수는 AI가 진화하면 사람보다 감정지능이 높을 것이라고 주장하고 있다. 슐러 교수는 AI는 사람의 얼굴 표정과 음성을 분석해 상대의 감정을 분석하고 대응할 수 있고, 기억력이 무한대이기 때문에 상대에게 가장 적합한 반응을 검색해 보여줄 수 있다고 전망했다.

2

경험과 공유를
중시하는 수퍼컨슈머

[Intro]

밀레니얼과 Z세대는 우버를 이용해 이동하고, 공유 오피스 위워크에서 일을 하며, 일을 마치면 쉐어하우스에 돌아와 넷플릭스로 원하는 컨텐츠를 무제한으로 즐기는 생활을 한다.

불과 몇 년 전까지만 해도 이 모든 것들은 자신이 직접 소유해야 가능했던 일이었다. 하지만 이제는 필요에 따라 자신이 원하는 만큼 쓸 수 있는 공유경제와 구독경제로 가능하게 됐다.

수퍼컨슈머는 소유를 통한 소비가 아닌 경험소비를 중요시 한다. 시장조사업체 해리스스터디(Harris Study)에 따르면, 미국 밀레니얼 세대의 78%는 물건 구매보다 경험을 선호하고 있다. 밀레니얼 세대는 매년 82%가 파티나 콘서트, 페스티벌, 공연, 스포츠 등에 참가하는데, 이는 이전 세대 70%에 비해 높은 수치다. 또한 밀레니얼 세대는 77%가 자신의 가장 행복한 기억이 이벤트에 참가하거나 다른 사람과 함께 겪은 일을 꼽는 등 경험을 중시하는 소비 태도를 보이고 있다.

한편, 특정 프로젝트 단위로 노동력이 유연하게 활용되는 '긱 이코노미(Gig Economy)' 확산으로 개인들의 수입이 고정 급여 중심에서 유동적으로 바뀌는 것도 경험소비에 영향을 미치고 있다. 불확실한 미래에 대한 준비보다 소비하는 순간에 바로 느낄 수 있는 경험의 소비가 우선시 되는 것이다.

경험 중심의 소비는 공유경제와 구독경제 확산과 맞물리면서 가속화될 전망이다. 지속적으로 관리에 신경을 쓰는 구매보다 원하는 경험만 선택적으로 즐기고 이용할 수 있게 되는 소비방식에 대한 선호가 강해지고 있다.

수퍼컨슈머는 이런 공유경제와 구독경제의 발전을 통해 덜 소유하지만 이전보다 더 많은 경험이 가능한 삶을 살아갈 수 있다.

소유에서 경험으로 이동하는 **소비가치**

01

경험소비의
급부상

_____ 지금까지 소비자들은 제품 소유 중심의 소비를 했다. 원하는 것이 있으면 제품이나 서비스 전체를 구입해서 사용했다. 반면, 수퍼컨슈머는 제품 자체를 소유하지 않고 제품이나 서비스를 사용하는 경험을 소비하거나, 제품을 소유하더라도 구매과정에서 누리는 '차별적 경험'에 가치를 두고 소비한다. 수퍼컨슈머는 제품과 서비스 모두 '경험'에 가치를 두고 있다는 점이 기존 소비자의 '소유' 중심의 소비와 다르다.

디지털이라는 생명력을 얻은 경험

기존 세대들은 행복하기 위해서 물건을 샀지만, 밀레니얼들은 경험을 사고 있다. 그리고 이런 경험 중심의 소비는 자신만의 정체성을 드러내고 싶어하는 소비자와 디지털 기술로 경험을 다양하고 지속적으로 제공할 수 있게 된 기업이 결합하면서 빠르게 확산되고 있다.

시카고 미술관은 2016년 진행한 '고흐의 방' 특별전을 에어비앤비와 협업해 색다른 방식으로 진행했다. 이 프로젝트는 작품에 등장하는 고흐의 방을 오프라인에 구현해 고객들이 작품을 평면으로 봐야했던 것을 넘어 고흐의 작품 안으로 직접 들어가 볼 수 있는 색다른 경험을 제공했다.

실제 고흐의 방에 다녀간 사람들은 경쟁적으로 자신의 경험을 SNS로 공유했으며, 이런 파급효과로 '고흐의 방' 특별전은 시카고 미술관 역사상 가장 많은 관람객이 찾아온 전시로 기록됐다.

소비자 측면에서 전통적인 소비는 대량으로 제조된 똑같은 제품을 소유하는 것으로 큰 의미를 부여하기가 어려웠다. 이에 소비자들은 자신의 정체성을 드러내고 개인화된 가치를 느낄 수 있는 경험을 통해 '무엇을 가졌는지'가 아닌 '어떤 경험을 하는지'가 자신이 어떤 사람인지를 보여줄 수 있다고 생각하게 됐다. 특히, 경험소비는 SNS를 통해 기록하고 다른 사람과 공유함으로써 제품소유보다 더 높은 만족도를 지속적으로 느낄 수 있게 됐다.

미국 코넬대 심리학과 토마스 길로비치(Thomas Gilovich) 교수는

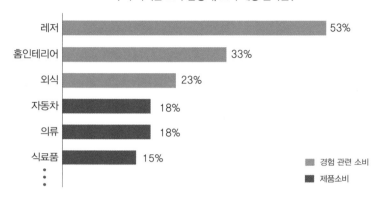

추가 가처분 소득 발생시, 소비 예상 분야는?

레저	53%
홈인테리어	33%
외식	23%
자동차	18%
의류	18%
식료품	15%

■ 경험 관련 소비
■ 제품소비

기억될 수 있는 경험이 주는 형식은 지속적인 반면, 소유로 인한 행복은 지속적이지 않다는 연구결과를 발표하였다.

이렇게 사람들이 경험소비에 관심을 갖게 되면서 소비의 형태도 바뀌고 있다. 추가 가처분소득이 발생했을 때 소비자들은 범용 제품을 소유하기보다 여가(53%), 홈인테리어(33%). 외식(23%) 등 개인화된 경험을 사용하겠다고 답했다. 제품의 소유보다 경험에 투자하려는 성향이 강하게 나타난 것이다.

경험소비를 선호하는 경향은 특히 밀레니얼 세대에 두드러진다. 밀레니얼 세대는 재화 구매보다 경험소비를 선호하는 층이 72%에 달했지만, 이전 세대는 59%로 나타났다. 경험소비를 중시하는 경향

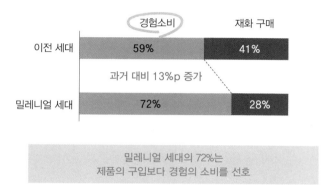

밀레니얼 세대 소비 선호도

	경험소비	재화 구매
이전 세대	59%	41%
밀레니얼 세대	72%	28%

과거 대비 13%p 증가

밀레니얼 세대의 72%는
제품의 구입보다 경험의 소비를 선호

은 소셜미디어의 성장과 연관돼 있는데, 사람들은 소셜미디어를 통해 '무엇을 구입했는지'보다 '무엇을 했는지'가 더 중요하게 작용하고 있기 때문이다.

차별화된 경험소비가 만드는 새로운 시장

경험소비는 소비재산업, 관광 산업 등 업종을 뛰어넘어 다양한 형태로 나타나고 있다. 식음료 부문에서는 '밀키트(Meal Kit)'가 대표적이다. 밀키트는 손질된 재료와 레시피를 함께 제공해 '제대로 된 음식'을 손쉽게 만들 수 있고, '요리하는 즐거움과 먹는 즐거움'을 동시에 누릴 수 있다. 또한 소비자들은 유명 셰프가 참여한 밀키트를 통해 음식을 직접 요리하면서 마치 본인이 유명 셰프가 된 것 같은 즐거움과 경험을 얻을 수 있다.

현재 미국 밀키트 시장은 블루에이프런(Blue Apron), 헬로프레쉬(Hello Fresh), 홈쉐프(Home Chef) 등이 경쟁을 벌이고 있으며, 연간 21% 성장세로 2022년에 13억 달러 시장으로 성장할 전망이다.

〈뉴욕타임스〉는 식재료 배달업체 셰프드와 협력해 조리방법과 식자재가 포함된 '밀키트'를 출시했다. 소비자가 요리를 골라 주문하면 셰프드에서 밀키트를 마련해 48시간 내 배달한다. 밀키트 사업으로 〈뉴욕타임스〉는 1,360만 명 구독자를 확보한 요리전문 코너 'NYT쿠킹'에 새로운 수익모델을 추가할 수 있었다. 〈뉴욕타임스〉는 단순 정보 전달을 넘어서 요리를 결합해 소비자들이 NYT쿠킹에서 본 요리법을 집에서 요리할 수 있는 경험을 제공하고 있다.

스타벅스는 사이렌오더(Siren Order), 드라이브스루(Drive-Thru) 등 디지털 기술을 통한 차별화한 경험으로 충성도 높은 고객을 확보하고 프리미엄화에 성공한 대표적인 사례다.

2014년 우리나라에서 처음으로 시작한 사이렌오더는 모바일 앱으로 커피 주문과 결제를 할 수 있는 서비스다. 사이렌오더는 최근 구매이력을 비롯해 주문시간, 날씨 등 데이터를 기반으로 상품을 추천하고, 고객은 각자 설정한 음료 옵션(시럽, 우유 종류, 물의 양)을 선택해 개인화된 메뉴를 주문할 수 있다. 고객은 주문 승인, 음료 제조, 제조 완료 등 전 과정을 스마트폰으로 확인할 수 있고, 음료가 완성되면 등록된 스타벅스카드로 결제가 이뤄진다. 2018년부터는 삼성전자 '빅스비', SK텔레콤 '누구'와 연동해 음성주문 서비스도 시작

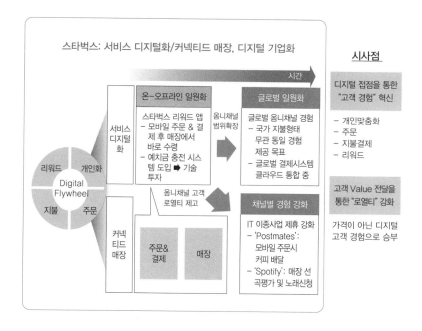

했다. 국내에서 시작된 사이렌오더는 해외로 역수출된 혁신적인 디지털 기술 도입 사례로 꼽힌다.

자동차 안에서 음료를 주문할 수 있는 스타벅스 드라이브스루 서비스 '마이디티패스(My Drive-Thru Pass)'도 디지털 혁신사례로 꼽힌다. 드라이브스루는 경쟁사들도 도입하고 있지만, 스타벅스는 디지털 기술을 활용해 기존 구매이력을 바탕으로 주문할 수 있는 방

스타벅스의 차별화된 고객경험 제공

Siren Order ··· ① Order PASS ··· ② Pay PASS ··· ③ Pick up

DT Zone IN   DT Zone OUT

식으로 차별화했다. 스타벅스에 따르면, 사이렌오더와 마이디티패스를 함께 사용하는 고객은 주문과 결제과정을 생략해 일반 고객 대기 평균시간인 2분 40초에 비해 37% 빠른 1분 40초에 원하는 음료를 받을 수 있다.

전통적인 기업들도 차별화된 경험을 제공하려는 시도를 하고 있다. 미국 고급 백화점 니먼마커스(Neiman Marcus)는 세인트레지스 (St.Regis) 호텔과 협업을 통해 투숙객에게 의류를 추천하는 서비스를 제공한다. 니먼마커스는 호텔 예약 시 고객이 선호하는 패션 스타일을 사전에 파악하고 그에 맞는 의류를 객실에 비치한다.

밀키트와 스타벅스, 니먼마커스의 사례는 경험소비를 통해서 새로운 시장을 만든 대표적인 사례다.

자신을 알아주고 배려하는 서비스를 경험한 소비자들은 충성도

수트케이스 없는 여행 서비스

Suitcase-less 서비스 process

| 호텔 숙박 예약시, 선호하는 의류에 대한 질문지 작성 | 호텔 체크인 | Neiman Marcus가 미리 준비한 개인 맞춤형 옷장 열람 |

- 투숙객은 3일 이내에 구입 여부를 결정할 수 있으며, 옷을 입어보지 않으면 구매할 의무가 없음
- 이와 같은 자산 경량화(Asset-light) 전략은 새로운 수익 창출 및 신 비즈니스 모델 수립 기회를 제공
- 소비자 기반의 융합적 협업 모델

높은 고객이 될 뿐 아니라 SNS를 통해 주위에 추천하는 훌륭한 지지자의 역할도 하게 된다.

공유경제와 구독경제의 **급성장**

　과거의 소비는 구매에 맞춰져 있어 제품을 사용한 뒤 필요하지 않을 때도 보관과 유지, 보수해야 하는 불편함을 감수해야 했다. 사람들은 물건이 많아질수록 '오너십(Ownership)'의 즐거움과 책임의 부담을 떠안게 됐다.

　이런 소유의 불편함을 해소하기 위해 디지털 기술을 활용한 공유경제(Shared Economy)가 등장했다. 공유경제는 이전에도 존재했지만 과정이 복잡하고 실제 활용이 불편했기 때문에 사람들은 소유를 선호했다. 하지만 스마트폰과 IoT, 블록체인 등 디지털 기술이 고도화되면서 원할 때만 이용할 수 있는 방식의 소비가 가능해졌다.

　소유와 달리 공유는 재화를 원하는 시간과 장소에서 필요한 만큼 사용할 수 있는 '유저십(Usership)'이 가능해 구매 이후 원하지 않는 보관, 유지, 보수의 부담을 없애준다.

공유경제는 경험을 중시하는 소비자 특성과 디지털 기술을 기반으로 한 플랫폼을 통해 유저십 중심의 소비를 가능하게 한다. 하지만 공유경제는 불특정 다수를 대상으로 하고 있기 때문에 소유만큼 개인의 특성을 반영하지 못한다는 단점을 가지고 있다. 이에 공유경제는 재화를 공유할 뿐 아니라, 효용성을 기반으로 개인별 요구에 맞는 제품을 경험하는 구독경제(Subscription Economy)로 진화하고 있다.

소비자가 구매와 소유보다 공유와 구독을 선호하는 이유 중 하나는 제품을 구매한 뒤 나타날 수 있는 후회와 실패감을 최대한 줄이려는 '후회회피(Regret Aversion)' 현상이 발생하기 때문이다.

후회회피 현상이란 어떤 의사결정이 기대수준에 미치지 못할 것이라고 예상하면서, 후회를 최소화하기 위한 선택을 하는 행동경제학적 특성을 말한다. 과거 소비자들은 물건을 구매할 때 후회회피 현상을 중대하게 고려해야 했다. 하지만 소비 대신 공유와 구독서비스를 이용하면 미래의 실패를 최소화할 수 있다.

어떤 물건을 구매했을 때 제품 결함이나 사전에 알지 못했던 문제를 발견하게 되면 소비자는 돌이킬 수 없는 후회를 경험하게 된다. 또한 제품을 원하는 용도로 사용하지 못하면 그 비용은 고스란히 떠안아야 한다. 하지만 공유나 구독을 통해 소비하면 최소한의 비용으로 제품에 대해 충분히 파악할 수 있고 마음에 들지 않으면 공유나 구독을 중단해 손쉽게 소비를 철회할 수 있다.

이처럼 공유와 구독서비스는 소비자의 후회회피 행동을 근본적으로 해결해 주면서 수퍼컨슈머의 소유 기피 성향을 더욱 강화할 것이다.

공유경제는 소비자가 필요할 때마다 공급자 소유의 특정 제품이나 서비스를 빌려 쓰는 경제 모델이다. 우버와 에어비앤비로 대표되는 공유경제는 자동차, 숙박시설 등 공유에서 시작해 창고와 같은 유휴공간과 지식, 노동력 등 무형자산까지 확대되고 있다.

반면 구독경제는 기업과 계약을 하고 정기적으로 제품이나 서비스를 사용하는 방식이다. 기업들은 지속적이면서 안정적인 구독자를 확보해 공유경제보다 더 개인 친화적인 서비스를 제공할 수 있다. 구독경제는 면도기, 기저귀, 청소서비스 등 생활 밀착 제품에서 차량, 가구와 같이 기존에는 구독이 불가능할 것 같은 서비스까지 확대되고 있다.

구분	공유경제	구독경제
거래 유형	P2P(개인 간 거래)	B2C(기업-고객 간 거래)
주기	필요할 때마다	정기적
아이템	일반제품, 공간, 서비스 등	컨텐츠, 생활용품, 고가 제품 등
지불	거래 발생 시점마다 지불	일정 기간마다 지불

구독경제는 기존 공유경제의 단점을 개선할 뿐만 아니라 다양한

경험을 추구하는 소비자 특성, AI와 빅데이터 기반으로 맞춤형 서비스 제공이 가능해지면서, 소유와 공유를 넘어서는 대안으로 성장하고 있다.

스위스 투자은행 크레딧스위스(Credit Suisse)에 따르면, 2000년 2,150억 달러였던 세계 구독경제 시장 규모는 2016년 4,200억 달러로 성장했으며, 2020년에는 5,300억 달러에 달할 것으로 전망된다.

공유경제 :
필요할 때만 빌려 쓰는 서비스

_____ 디지털 기술은 더 이상 물건을 구매하지 않고 원할 때 즉시 이용할 수 있는 공유경제를 통한 소비를 가능하게 만들었다. 공유경제는 개인이 소유한 집, 차량 등의 유휴 자산을 소비자끼리(Peer-To-Peer, P2P) 공유하는 한정된 경제모델에서 다양하고 고도화된 제품이나 서비스를 제공하는 기업과의 거래(Business-To-Consumer, B2C)로 개념이 확장되고 있다.

소유보다 높은 가치를 제공하는 공유경제

식품의 경우 온라인 식품 구매와 배달앱 활용이 증가하면서 주방 설비와 기기가 갖춰진 공간을 외식 사업자들에게 대여해 주는 공유주방 서비스가 활성화되고 있다. 식당 사업에서 가장 기본이라고 생각됐던 물리적인 공간이 없어도 외식업을 할 수 있게 됐다.

부동산 비용절감

노동효율성 증가

초기 비용절감

대표적인 공유주방 서비스 '클라우드키친(Cloud Kitchen)'은 우버 창업자인 트래비스 캘러닉(Travis Kalanick)이 만들었다. 클라우드키친은 배달 전용 식당을 위한 스마트키친을 제공해 준다. 공유주방을 활용하면 인테리어나 홀 서빙 종업원이 필요 없어 창업비용을 오프라인 매장 대비 10분의 1로 줄일 수 있기 때문에, 새로운 매장을 내기 부담스러운 식당은 가상 지점을 내고 영업을 할 수 있다.

카셰어링 서비스도 공유경제에서 진화한 구독경제 형태로 바뀌고 있다. 카셰어링 서비스는 이동을 위해 사업자가 제공하는 단일 교통수단이 활용됐다. 앞으로는 '이동'이라는 핵심 가치로 다양한 교통수단을 통합해 하나의 플랫폼 위에서 이용할 수 있는 '서비스형 모빌리티(Mobility-as-a-Service, MaaS)로 진화할 것이다.

마스글로벌(MaaS Global)이 운영하는 '윔(Whim)'은 핀란드 헬싱키 내 트램, 버스와 같은 대중 교통수단과 렌트카와 택시, 바이크, 공공자전거까지 활용할 수 있는 MaaS다. 사용자는 월정액 요금으로

분야	기업명
교통	Uber, Lyft, HopSkipDrive, Gett, Zimride
숙박	Airbnb, CampinmyGarden, HomeAway, Love Home Swap, Short Term Stays, Roomorama
식품	EatWith, Bon Appetour, Meal Sharing, Feastly
교육	Verbaling, Udemy, Wyzant, Classgap, Codementor
차량렌트	Getaround, Turo, Boatbound, GetMyBoat, Tubber, RV Share, Spinlister
공간	JustPark, ParqEx, Spacer, Liquid Space, Luxe, Shared Earth, PeeredEarth, Peerspace, YourParkingSpace
물류	Postmates, Instacart, uShip, Saucy
관광	GetYourGuide, Vayable, Withlocals

다양한 교통수단을 조합해 효율적으로 이동할 수 있다.

자동차 업체들은 MaaS 부상을 새로운 시장 기회로 보고 있다. 자동차를 이용하는 방식이 소유 중심에서 공유경제, 구독경제로 바뀌면서 제조 중심의 사업모델이 서비스 중심으로 빠르게 변하고 있기 때문이다. 이 같은 변화에 맞춰 자동차 업체들은 자체적으로 카쉐어링 서비스에 뛰어들거나 신차 기획단계부터 카쉐어링과 MaaS에 활용하는 것을 고려해 신차를 개발하고 있다.

식료품 배달까지 영역을 확장하는 경험소비

소비자들은 공유경제와 구독경제의 부상으로 차량이나 숙박업 이외에 교육, 관광, 물류 등 다양한 산업에서 지식, 노동 등 무형의 서비스를 공유하여 경험소비를 할 수 있게 됐다.

음식계의 에어비앤비로 불리는 잇위드(Eatwith)는 가정에서 만든 음식을 여행객과 공유할 수 있는 소셜 다이닝 플랫폼이다. 여행객들은 30개국 160여 개 도시에서 이 플랫폼을 활용해 현지 주민과 전통요리와 문화를 공유할 수 있다.

인스타카트(Instacart)는 장 볼 시간이 없는 바쁜 직장인을 겨냥한 신선식품 배송 공유서비스다.

기존 인터넷 쇼핑과 다른 점은 자체 물건은 없고 여러 지역 슈퍼마켓을 유기적으로 연결해 하나의 가상 상점으로 만들어 배달시간을 1~2시간 내로 짧게 했다. 배송은 플랫폼에 등록한 택배직원이 개인 운송수단을 이용해 진행한다. 소비자들은 장 볼 시간을 단축할 수 있고, 서로 다른 슈퍼마켓에서 물품을 주문할 수 있다.

구독경제 :
필요할 때를 미리 알고 쓰는 서비스

1인가구 증가와 함께 구독경제가 확장되고 있다. 영화와 음원 서비스로 촉발된 구독경제는 식재료와 생필품, 자동차, 취미용품 등으로 확장되고 있다.

	무제한 서비스 모델	정기배송 모델	반복대여 모델
주요 적용상품	술, 커피, 병원, 헬스클럽, 영화관 관람, 동영상 및 음원 디지털 컨텐츠 등	면도날, 란제리, 생리대, 칫솔, 영양제 등 소모품	자동차, 명품 옷, 가구, 매장 등 고가제품
이용방식	월 구독료 납부한 후 매월 무제한 이용	월 구독료 납부한 후 매달 집으로 수차례 배송	월 구독료만 납부하면 품목 바꿔가며 이용 가능
대표업체	무비패스 (월 9.95달러 내면 매일 영화관에서 한 편씩 관람 가능)	달러쉐이브클럽 (월 9달러 내면 매달 면도날 4~6개씩 배송)	캐딜락 (월 1,800달러 내면 모든 차종 바꿔가며 이용 가능)

소비자는 구독경제를 통해 구매에 대한 불편함을 줄일 수 있고, 공유경제에서는 부족했던 맞춤 서비스를 포함한 경험소비를 할 수 있다.

전통적인 구독 모델은 책이나 신문, 잡지, 우유 등에 한정됐다. 최근 구독 대상은 컨텐츠와 생필품, 고가제품으로 확대됐으며, 구독 형태도 제품과 서비스 특성에 따라 '무제한', '정기배송', '반복대여' 등 다양한 형태로 이용할 수 있어 소비자의 선택이 확장됐다.

면도기에서 병원치료까지 구독하는 생활

'무제한' 서비스 모델은 월 구독료를 납입한 후 서비스를 원하는 만큼 이용할 수 있는 방식이다. 넷플릭스와 같은 디지털 컨텐츠, 헬스클럽 등이 해당된다. 서비스 수준에 따라 구독료를 다르게 받거나, 기본 월회비를 납부하고 추가 서비스나 제품을 구입할 때 비용을 더 지불하는 구독서비스도 있다. 기본 회비로 안정적인 회원과 운영 기반을 확보할 수 있고, 추가 유료 구매로 수익을 향상시킬 수 있기 때문에 구독경제는 다양한 형태로 변화하고 있다.

2017년 미국 샌프란시스코 병원 '포워드(Forward)'는 월 149달러를 내면 무제한 의료서비스를 받을 수 있는 구독 모델을 도입했다. 환자는 병원을 수시로 방문해 건강을 확인할 수 있고, 의사와 24시간 상담도 할 수 있다.

피트니스 업체 펠로톤(Peloton)은 구독자에게 실내자전거와 동영상 운동수업을 제공한다. 실내자전거나 런닝머신을 구입한 사람은 매월 39달러를 내면 매일 20개 이상 진행되는 실시간 스트리밍 운동강의를 온라인 동료들과 함께 들을 수 있다.

면도기나 콘택트렌즈, 생수, 식료품 등 정기적으로 소비가 이뤄지는 제품은 '정기배송' 모델로 구독할 수 있다.

달러쉐이브클럽(Dollar Shave Club)은 면도기 구매를 위해 자주 매장을 방문해야 하는 불편을 온라인 정기배송으로 해결한 '면도 관련 서비스' 업체다. 소비자가 홈페이지를 통해 면도기 종류를 선택하고 매달 일정 금액을 지불하면 정기적으로 면도기를 받을 수 있다. 달러쉐이브클럽은 마케팅 이외 제조, 인프라 등 기능은 아웃소싱해 운영비용을 낮추고, 모든 판매를 온라인을 통해 진행해 다른 면도기 업체에 비해 저렴한 가격으로 면도기를 공급할 수 있었다. 회사는 2011년 설립 이후 창업 4년 만에 미국 면도기 시장점유율

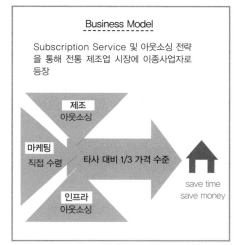

Business Model

Subscription Service 및 아웃소싱 전략을 통해 전통 제조업 시장에 이종사업자로 등장

제조
아웃소싱

마케팅
직접 수령

타사 대비 1/3 가격 수준

인프라
아웃소싱

save time
save money

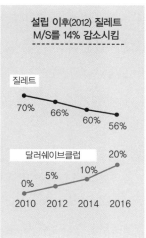

설립 이후(2012) 질레트
M/S를 14% 감소시킴

질레트
70% 66% 60% 56%

달러쉐이브클럽 20%
0% 5% 10%
2010 2012 2014 2016

10%를 달성해 120년 역사의 질레트(Gillette)를 위협하고 있다.

자동차나 명품, 의류, 가구, 미술품 등은 정해진 기간 동안 품목을 바꿔가면서 '반복대여' 모델로 구독할 수 있는 서비스가 등장하고 있다.

페더(Feather)는 유명 가구업체 제품을 구독형으로 제공하는 '서비스형 가구(Furniture-as-a-Service, FaaS)'라는 새로운 시장을 만들었다. 예를 들면, 소비자들은 한 달에 서랍장 29달러, 소파 39달러, 침대는 41달러, 의자는 4달러 등으로 가구를 빌릴 수 있다.

기존에도 다양한 구독형태는 존재했지만, 디지털 기술을 기반으로 한 구독서비스는 즉시성과 다양성으로 소유 이상의 경험을 제공하면서 진화하고 있다. 상황에 따라 구독서비스는 물건을 직접 소유하는 것보다 가격이 저렴하지 않다. 하지만 유행에 민감한 밀레니얼 세대는 같은 제품을 10년간 사용하기보다는 자신의 취향에 맞는 제품을 다양하게 써보고 싶어한다. 또한 이전 세대와 달리 1인가구 중심 문화와 자주 이사를 다니는 특성도 구독경제 성장에 영향을 미치고 있다.

소유보다 더 다양한 경험과 큰 만족을 주는 디지털 큐레이션

최근 구독경제를 성장하게 만든 것은 AI를 기반으로 한 디지털 큐레이션이 가능해졌기 때문이다. 기존 구독모델은 기본적으로 모든 사람에게 같은 제품을 보내주기 때문에 개인의 특성에 맞게 맞춤형 서비스를 할 수 있는 환경이 불가능했다.

하지만 회사들이 고객들을 분석할 수 있는 방대한 데이터 수집이 가능해져 개별 소비자에 최적화된 상품을 구독서비스로 제공할 수 있게 됐다. 회사는 디지털 큐레이션을 통해 개인별로 다른 서비스를 제공할 수 있으며, 주기적으로 서비스와 제품을 지속적으로 업그레이드할 수 있다. 회사는 디지털 큐레이션 반복을 통해 맞춤형 서비스를 더 저렴하고, 빠르게 제공할 수 있고, 소비자는 개별 구매를 통한 제한된 만족보다 더 다양한 경험과 만족을 누릴 수 있다.

의류 쇼핑이 귀찮은 소비자에게 패션, 뷰티 제품을 AI로 분석해 정기배송 하는 의류 구독서비스도 늘어나고 있다. 미국의 '스티치픽

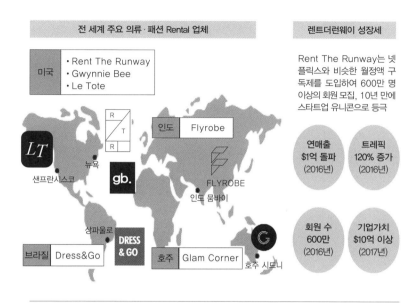

유니콘으로 성장한 온라인 의류 대여 업체 렌트더런웨이

전 세계 주요 의류·패션 Rental 업체

미국
- Rent The Runway
- Gwynnie Bee
- Le Tote

LT

뉴욕
샌프란시스코

gb.

인도 Flyrobe

FLYROBE
인도 뭄바이

상파울로

DRESS & GO

브라질 Dress&Go

호주 Glam Corner
호주 시드니

렌트더런웨이 성장세

Rent The Runway는 넷플릭스와 비슷한 월정액 구독제를 도입하여 600만 명 이상의 회원 모집, 10년 만에 스타트업 유니콘으로 등극

연매출
$1억 돌파
(2016년)

트래픽
120% 증가
(2016년)

회원 수
600만
(2016년)

기업가치
$10억 이상
(2017년)

스(Stichfix)'와 '르토트(Le Tote)', 일본의 '에어클로젯(Air Closet)' 등은 소비자 취향을 AI로 분석해 스타일링까지 해준다.

'렌트더런웨이(Rent The Runway)'는 매일 어떤 옷을 입을지 고민하는 오피스 우먼을 위해 유명 브랜드의 옷과 가방, 액세서리를 대여하는 서비스다. 회사는 '적게 사고, 많이 입는다(Buy less, Wear More)'라는 캐치프레이즈로 10만 점이 넘는 유명 패션 브랜드 제품을 전문직에 종사하는 20~40대 여성 고객에게 옷을 대여하고 있다. 매달 89달러에 4개의 패션 아이템을 대여할 수 있으며, 159달러를 내면 한 달에 무제한으로 대여가 가능하다. 회사는 새로운 옷을 매달 입을 수 있고, 세탁과 관리가 필요 없다는 장점으로 600만 명에 달하는 회원을 확보했다.

1866년 창업해 설탕과 과자 등을 판매해 온 네슬레는 건강식을 추구하는 식음료 트렌드에 맞춰 생존 전략을 180도 바꿨다.

네슬레는 소비자의 혈액, DNA 분석을 통해 개인별 '맞춤형 건강' 구독서비스 '네슬레건강대사(Nestle Wellness Ambassador)'를 제공하고 있다. 1년에 약 600달러인 이 서비스는 고객의 건강정보를 AI로 분석해 개인별 부족한 영양소를 보충해 주는 맞춤 제작형 차캡슐, 비타민 과자 등을 정기적으로 배송해 준다.

Chapter

3

초개인화를 요구하는
수퍼컨슈머

수퍼컨슈머의 큐레이션은 과거 사람이 추천하는 방식에서 AI가 소비자들의 다양한 행동패턴과 구매이력을 수집해 분석하는 방식으로 바뀐다. AI는 단절된 데이터의 연관성을 분석하고 개인의 취향과 요구를 미리 파악해, 이전에는 불가능했던 세부적인 부문까지 고려해 추천하는 서비스를 제공할 수 있다.

큐레이션(Curation)은 미술 작품의 수집과 보존, 관리를 일컫는 말이었으나, 인터넷 등장 이후 소비자들이 다양한 정보를 손쉽게 접하게 되면서, 고객 개개인의 요구에 적합한 제품과 서비스를 추천, 제공하는 서비스로 의미가 확대됐다.

지금까지 큐레이션은 일부 상품의 매출 동향, 인구통계학적인 부문을 기반으로 오프라인 중심으로 운영되는 '제한적인 수준(큐레이션 1.0)'이었다. 인터넷 등장으로 웹과 모바일을 통해 수집된 정보는 풍부해졌지만 여전히 의사결정은 데이터분석가나 마케팅 담당자에 의해서 진행되는 '한계가 있는 수준(큐레이션 2.0)'이었다. 취합된 정보는 사라지지 않고 누적되고 다른 데이터와 함께 AI로

큐레이션 3.0 시대의 초개인화 큐레이션

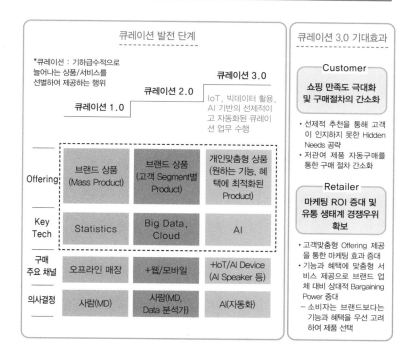

큐레이션 발전 단계

*큐레이션 : 기하급수적으로 늘어나는 상품/서비스를 선별하여 제공하는 행위

큐레이션 3.0

큐레이션 2.0

IoT, 빅데이터 활용, AI 기반의 선제적이고 자동화된 큐레이션 업무 수행

큐레이션 1.0

Offering	브랜드 상품 (Mass Product)	브랜드 상품 (고객 Segment별 Product)	개인맞춤형 상품 (원하는 기능, 혜택에 최적화된 Product)
Key Tech	Statistics	Big Data, Cloud	AI
구매 주요 채널	오프라인 매장	+웹/모바일	+IoT/AI Device (AI Speaker 등)
의사결정	사람(MD)	사람(MD, Data 분석가)	AI(자동화)

큐레이션 3.0 기대효과

Customer
쇼핑 만족도 극대화 및 구매절차의 간소화

• 선제적 추천을 통해 고객이 인지하지 못한 Hidden Needs 공략
• 저관여 제품 자동구매를 통한 구매 절차 간소화

Retailer
마케팅 ROI 증대 및 유통 생태계 경쟁우위 확보

• 고객맞춤형 Offering 제공을 통한 마케팅 효과 증대
• 기능과 혜택에 맞춤형 서비스 제공으로 브랜드 업체 대비 상대적 Bargaining Power 증대
 – 소비자는 브랜드보다는 기능과 혜택을 우선 고려하여 제품 선택

분석되면서 '개인맞춤형으로 상품을 자동으로 추천할 수 있는 수준(큐레이션 3.0)'으로 발전했다.

기존 방식의 단점을 보완한 큐레이션 3.0은 소비자들의 행동패턴과 거래이력 등을 실시간으로 반영해 개인 단위로 세분화된 추천을 제공하는 '초개인화(Hyper-personalization)' 시대를 열고 있다.

　지금까지 기업들이 특정 소비를 중심으로 일정 주기마다 제공했던 획일화된 추천방식은 AI가 실시간으로 개인별 데이터를 분석해 추천하는 큐레이션 3.0으로 바뀌게 된다. 이로 인해 시장은 전통적인 세분화가 무의미해지고 특정 1인마다 추천을 달리할 수 있는 환경으로 전환된다.

　디지털 시대의 초개인화 큐레이션은 개인 취향과 상황을 고려해 최적화된 제품을 제공하기 때문에 소비자는 AI의 추천을 받은 제품에 차별화된 의미를 부여해 다른 제품보다 선호하게 한다.

　이런 현상은 같은 수준의 가치를 가진 물건이라도 자신이 소유한 것을 타인의 것보다 높게 평가하는 '소유 효과(Endowment Effect)'라는 행동경제학적 특성으로 해석할 수 있다.

　예를 들어, 중고 물건을 판매할 때 판매자는 자신의 물건에 대한 특별한 정서적인 관계를 갖기 때문에, 일반적인 적정 가격보다 높은 가격을 책정하는 경향을 들 수 있다.

　소유 효과의 영향으로 AI가 데이터를 기반으로 나만의 취향과 선호에 맞춰서 판단한 뒤 가장 적합한 제품을 제안하면, 소비자는 '누구에게나 추천되는 유사한 제품'보다 AI의 제안에 높은 가치를 부여한다.

　소비자는 AI가 제안한 제품이 자신에게 필요한 여러 특징을 반영했을 뿐 아니라, AI 없이 직접 해당 제품을 찾기 위해서는 많은 시간과 노력이 들어간다는 것을 알기 때문에 특별하게 느끼게 된다. 이 때문에 소비자는 유사한 다른 제품보다 가격이 높더라도 AI가 제안한 제품을 선호하게 된다.

초개인화 니즈를 맞춰주는 큐레이션

개별 소비자의 특성과 취향을 이해하는 큐레이션

_____ 과거 소비자들은 기업에서 정한 획일화된 제품과 서비스에 자신을 신체 크기, 특성이나 요구를 끼워 맞춰야 했던 불편이 존재했다. 하지만 앞으로 개인의 특성을 반영할 수 있는 초개인화 큐레이션이 등장하면서 누구나 자신에게 꼭 맞는 제품과 서비스를 소비할 수 있게 된다.

P&G에 따르면, 화장품을 구매하는 고객 중 3분의 1 이상은 자신에게 맞지 않는 화장품을 구매하는 것으로 조사됐다. 고객 중 상당수가 자신의 피부 특성을 알지 못하기 때문에 백화점이나 화장품 매

장에서 상담을 통해 화장품을 구매하고 있다.

P&G는 이런 문제를 해결하기 위해 AI 기반 화장품 추천 서비스 '올레이스킨어드바이저(Olay Skin Advisor)' 앱을 개발했다. 소비자는 앱을 통해 자신의 피부를 촬영하면 주름, 모공, 피부 질감을 분석해 그에 맞는 화장품을 추천받을 수 있다.

앞으로는 P&G 사례처럼 전통적인 마케팅 부문에도 AI가 도입돼 소비자는 자신의 신체 특성과 취향, 요구에 꼭 맞는 최적화된 소비가 가능해진다.

초개인화 사회에서는 디지털 기술의 발전으로 과거보다 더 세밀한 정보수집이 가능해지고, 즉시 활용할 수 있게 바뀌면서 누구나 비용을 추가로 내지 않아도 바로 맞춤형 서비스 이용이 가능해진다.

디지털 기술이 구현한 초개인화 서비스

초개인화 서비스가 가능하게 된 것은 이전보다 분석에 필요한 데이터의 양과 질이 충분해졌기 때문이다. 과거 소비자 데이터는 특정 온라인 분야에서 발생하는 행동패턴, 구매행위에 집중돼 단편적으로 활용됐다. 최근에는 IoT, 위치기반, 웨어러블 기기 등이 일반화되면서 각 지점에서 수집된 데이터가 정교한 개인화 서비스 기반이 되고 있다. 특히, AI로 데이터를 다양한 각도에서 분석할 수 있게 된 것도 초개인화 부상의 중요한 이유다. AI는 신체 크기, 특성 등 개인정보와 온라인 활동, 위치정보 등 상이한 정보를 조합해 새로운 가치를 추출할 수 있다.

AI 기술 확대는 분석과 관련한 비용 하락으로 이어졌다. 1990년대 사람의 유전자를 분석하는 게놈프로젝트는 약 38억 달러가 소요됐지만, 2020년에는 AI를 활용해 100달러면 분석이 가능할 것으로 전망된다.

초개인화 큐레이션은 개인별 신체 특성이 제품에서 중요하게 작용하는 패션 산업에서 두드러지게 나타나고 있다.

소비자들이 스마트폰 또는 AI 기기를 통해 쉽게 자신의 신체 특성을 측정하는 것이 가능해, 지금까지 부가서비스 또는 고급서비스에서만 가능했던 맞춤형 서비스를 누구나 누릴 수 있게 된다.

오리지널스티치(Original Stitch)는 3D 센싱 기반 맞춤형 셔츠 업체다. 소비자가 스마트폰 앱 바디그램(Bodygram)을 통해 골격, 허리 등 16곳을 측정한 뒤 맞춤형 셔츠를 제작할 수 있다. 회사는 이외에도 소비자가 자신의 모습을 촬영하면 얼굴 형태, 피부색, 안경 유무, 헤어스타일 등 10개 항목을 즉시 AI가 분석해 고객에게 어울리는 셔츠를 추천하는 '스타일봇(Stylebot)' 앱을 제공하고 있다.

아마존은 AI를 전 사업 부문에 적극적으로 도입하고 있다. 아마존은 AI 스피커 에코(Echo)에 카메라를 탑재한 '에코룩(Echo Look)'을 2017년 출시했다. 소비자는 에코룩에 탑재된 카메라로 자신의 모습을 전신촬영한 뒤 에코와 대화방식을 통해 어울리는 의상을 추천받을 수 있다.

질병예방에서 유전자 기반 결혼까지 도와주는 초개인화 서비스

미래소비자는 신체 크기에 맞는 맞춤형 소비를 넘어서 유전자 분석을 통한 헬스케어, 라이프스타일까지 포함하는 초개인화 소비가 가능해진다. 특히, 디지털 헬스케어 기술의 발전으로 기존에 병원을 위주로 이뤄지던 헬스케어의 영역은 일상으로 확장돼 미래소비자들은 자신의 건강상태를 실시간으로 확인하고, 자신에게 맞는 식음료와 서비스를 선택할 수 있게 된다.

23앤미(23andMe)는 손쉽게 질병 위험을 예측할 수 있는 서비스를 제공한다. 소비자는 유전자 검사키트를 구매한 뒤 자신의 DNA를 추출해 23앤미에 보내면 알츠하이머, 파킨슨병 등 10가지 질환에 대한 위험도를 알 수 있다. 소비자는 검사결과를 바탕으로 식습관, 운동 등을 통해 자신의 질병 위험을 낮출 수 있다.

비노메(Vinome)는 DNA 정보에 따라 소비자가 선호할 만한 와인을 추천하는 업체다. 회사는 와인을 신맛, 단맛, 쓴맛 등 8가지 특징으로 구분해 고객이 제공하는 유전자 정보에 맞춰 최적의 와인을 추천한다. 비노메를 통해 와이너리는 잠재고객을 빠르게 확보할 수 있고, 소비자들은 수많은 와인을 시음하지 않고 자신에게 맞는 와인을 찾을 수 있다.

DNA를 기반으로 식생활이나 질병뿐 아니라 적합한 결혼 상대까지 찾아주는 서비스도 등장했다. 마이지놈박스(MyGenomeBox)는 DNA 데이터베이스를 기반으로 결혼 상대를 찾아주는 'DNA매칭서비스(DNA Matching Service)'를 제공한다. 이 서비스는 면역과 연관된 HLA 유전자를 분석해 각 DNA에 맞는 이상적인 배우자를 추천하는 서비스다.

기업들이 유전자 기반 사업을 확장할 수 있는 이유는 소비자가 병원을 통하지 않고 직접 검사키트를 활용하는 소비자직접판매(Direct-To-Consumer, D2C) 방식이 확산되고 있기 때문이다.

시장조사업체 마켓워치는 2019년 9억 3,000만 달러였던 DTC 유전자 검사 관련 시장이 매년 16.4% 증가해 2024년 19억 9,000만 달러로 두 배 이상 성장할 것으로 보고 있다.

오직 나를 위한 최적의 소비, 온미맨드(On-Memand)

과거 소비자들은 결제이력 등 정형적으로 분석이 가능한 데이터로 제품과 서비스를 추천받았다. SNS 등 비정형 데이터는 개인의 취향을 반영한 중요한 원천 데이터임에도 활용되지 못했다.

하지만 소비자 관련 정보는 기존 정형 데이터에서 이미지, 동영상 등 비정형 데이터까지 분석이 가능해지면서 소비자들이 자신의 취향에 맞는 소비를 최우선으로 하는 '온미맨드(On-Memand) 소비' 확산으로 이어지고 있다.

온미맨드는 고객 요구사항이 발생했을 때 즉각 대응하는 '온디맨드(On Demand)'에서 '나(me)'의 의미가 강조된 신조어로 개인의 개성과 만족을 최우선 가치로 두는 소비를 말한다. 온디맨드가 대량 생산된 제품과 서비스로 수요를 해결했다면, 온미맨드는 AI가 활용돼 개개인의 특성을 분석해 정밀하게 맞춤화된 제품과 서비스를 제공한다.

개인이 인지하지 못하는 부분까지 파악하는 큐레이션

SNS 분석 기술이 발전함에 따라 기업은 소비자 자신도 모르는 취향을 파악해 추천하는 초개인화 큐레이션까지 도입할 수 있게 됐다.

SNS는 개인의 취향, 성격, 습관, 인간관계 등을 모두 저장하고 있는 데이터베이스다. 특히 개인의 다양한 취향이 반영되는 패션, 컨텐츠 부문에서 SNS를 분석해 정밀하게 동작하는 큐레이션이 등장하고 있다.

스티치픽스(Stitch Fix)는 2011년 시작된 미국 온라인 패션 쇼핑몰이다. 경쟁업체와 다른 점은 최저가나 빠른 배송 서비스가 아닌 철저하게 개인 스타일링 서비스를 차별점으로 제공한다는 점이다. 회사는 사용자로부터 설문과 신체 사이즈, 피부색, 스타일 등 미리 취합한 데이터를 AI로 분석해 회원이 좋아할 만한 옷과 액세서리를 보낸 뒤에 마음에 들지 않는 제품은 반송 받는다.

'오늘의 헤드라인'이라는 뜻의 '진르터우탸오(今日頭條)'는 AI로 SNS 데이터를 분석해 개인 관심사에 맞는 뉴스를 제공하는 서비스 업체다. 회사는 '당신의 관심사가 헤드라인을 만든다'는 기업철학에 맞춰 고객의 나이, 지역, 앱 내 행동패턴과 SNS 분석을 통해 맞춤형 뉴스를 제공한다. 회사는 이 같은 개인화 서비스로 하루 이용자 7,800만 명에 달하는 중국 1위 뉴스앱으로 올라섰다.

실시간 감정변화까지 분석하는
큐레이션

_____ 큐레이션 3.0 시대의 초개인화는 개인의 취향 반영을 넘어서 시간, 장소, 상황(Time, Place, Occasion, TPO)에 따라 실시간으로 맞춤화된 큐레이션으로 확장된다.

AI 기술 발전과 다양한 데이터 수집이 가능하게 되면서, TPO와 주변 상황을 종합적으로 분석할 수 있는 '맥락인식(Context Recognition)'으로 최적의 솔루션을 제공할 수 있게 됐다.

맥락인식은 여러 센서로 수집한 데이터를 통해 사용자의 단편적인 현상이 아닌 종합적인 상황을 인식하고, 실시간으로 전체적인 흐름을 이해할 수 있는 기술이다.

큐레이션 2.0 시대 추천은 소비자가 특정지역에서 화장품을 구매한 이력을 파악해, 다시 특정지역에 가면 화장품을 추천하는 형태였다. 그러나 큐레이션 3.0 시대는 화장품 구매이력 뿐 아니라 사용자 프로필, 일정, SNS, 최근 행동패턴 등을 수집해, 이를 바탕으로 구매 목적을 추론해 적합한 솔루션을 제공한다.

모바일 기기에서 커넥티드카로 확장되는 큐레이션

소비자들의 실시간 개인화 소비는 스마트폰, 웨어러블 기기 등 개인기기를 통해 보편화됐지만, 앞으로는 커넥티드카 등 더 많은 정보를 수집할 수 있는 매개체를 통해 확장될 것이다. 큐레이션 2.0 시대 중심이 모바일 기기였다면, 큐레이션 3.0 시대 소비자들은 모바

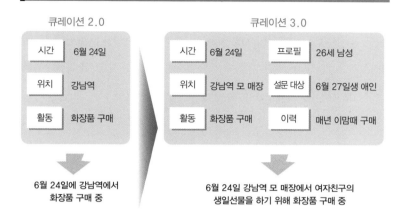

맥락인식 확장의 예

큐레이션 2.0

시간	6월 24일
위치	강남역
활동	화장품 구매

6월 24일에 강남역에서
화장품 구매 중

큐레이션 3.0

시간	6월 24일	프로필	26세 남성
위치	강남역 모 매장	설문 대상	6월 27일생 애인
활동	화장품 구매	이력	매년 이맘때 구매

6월 24일 강남역 모 매장에서 여자친구의
생일선물을 하기 위해 화장품 구매 중

일 기기를 넘어서 자동차까지 기기를 확장해 실시간으로 감정변화에 따른 소비까지 할 수 있다.

비자카드, 아메리칸익스프레스 등 신용카드 업체는 이미 소비자들의 위치, 시간, 구매이력을 고려한 실시간 푸시 마케팅을 도입했다.

국내에서도 신한카드가 위치정보기술을 기반으로 한 지오펜싱(Geofencing) 큐레이션 서비스를 도입했다. 고객이 특정 지역에 들어오면 해당 지역과 관련된 정보와 서비스를 추천한다.

제너럴모터스(GM)는 AI 커넥티드카 서비스인 '온스타고(Onstar Go)'를 통해 차량의 상태, 위치, 상황에 따라 적합한 서비스를 추천하고 있다. 기온이 떨어지면 따뜻한 음료를 추천하고, 상황에 따른 음악, 목적지까지 소모되는 연료량을 파악해 필요할 경우 주유소를 추천하고 안내할 수 있다.

얼굴 표정을 실시간으로 인식해 그에 맞는 기능을 제공하는 서비스도 등장했다. 어펙티바(Affectiva)는 사람의 표정이나 목소리 등 변화에 기초해 감정을 인식할 수 있는 자동차 감성지능 플랫폼 '어펙티바자동차AI(Affectiva Automotive AI)'를 개발했다.

어펙티바 자동차 AI는 운행 중 운전자의 피로, 분노, 주의 산만함의 정도를 감지할 수 있다. 감지된 정보를 토대로 위험하다고 판단되면 오디오와 디스플레이, 안전벨트 진동으로 경고하고, 이상 상태 시 자율주행 또는 능동형 안전기능을 개입시켜 위험을 예방한다.

미래의 니즈를
예측하는
큐레이션

선제적으로 제공되는
큐레이션

_____ 앞서 살펴본 큐레이션 3.0은 개인화된 특성을 고려하고, 실시간으로 큐레이션 하는 데 맞춰져 있다. 수퍼컨슈머들은 여기에서 한발 더 나아가 소비패턴과 상황을 분석한 기업들로부터 선제적으로 추천을 제안받는 큐레이션 4.0 시대를 살게 된다. 기업은 소비자의 요구에 실시간으로 대응하는 것을 넘어서 미리 요구를 예측해 제안한다.

이미 아마존은 소비자의 요구를 미리 예측해 배송하는 서비스를 제공하고 있다. 이런 예측 배송시스템은 광활한 국토 면적과 분산된

아마존의 예측 발송 시스템

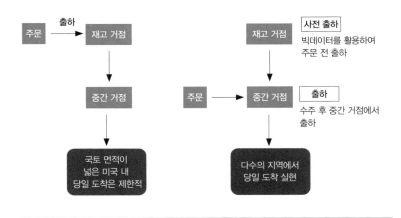

기존 발송 시스템 | 예측 발송 시스템

거주 형태로 당일 배송이 어려운 미국에서 효과적인 차별화 전략으로 꼽히고 있다.

아마존 이외에도 디지털 기술을 활용해 예측 배송하는 기업들은 계속 확대될 전망이다. 예측 배송을 통해 기업들은 물건을 포장하고 근처 물류센터까지 이동하는 시간을 절약할 수 있고, 소비자는 주문 후 더욱 빠른 시간 안에 상품을 수령할 수 있다.

만약 기업들의 예측 배송이 실패했거나 지연됐을 경우에는 기업들은 잘못 배송된 물품을 고객에게 할인된 가격에 제공하거나 선물로 증정할 수 있다. 이런 정책은 결과적으로 고객 충성도를 높이기 때문에 예측 배송 실패로 인한 손실을 보전할 수 있다.

디지털 기술을 활용한 기업의 선제적 추천과 제안은 단순히 소비자의 요구를 예측하는 것을 넘어서, 개인의 생체정보 분석을 통해 질병을 사전 예측하는 단계까지 진화하고 있다. 증상이 없이 진행되는 질병도 유전자 등 생체정보로 미리 파악해 예방할 수 있다.

소마로직(Soma Logic)은 1,130개 단백질을 분석해 심혈관 질환, 뇌졸중, 암, 알츠하이머 병, 당뇨병, 신장 기능 장애를 예측하는 데 활용하는 업체다. 소마로직은 한 번의 검사로 질병과 관련된 모든 패턴을 찾아 생활습관 개선이나 약물 치료로 병이 걸리기 전에 최대한 예방하고, 최선의 치료를 할 수 있는 것을 목표로 하고 있다.

중국 유전체 업체 아이카본엑스(iCarbonX)는 AI 분석 기술을 활용해 '디지털미(Digital Me)'라는 디지털 쌍둥이를 만들어 개인 맞춤형 AI 헬스케어 서비스를 준비 중이다. 디지털미를 통해 자신에게 발생할 수 있는 질병의 위험을 시뮬레이션 하는 것이다.

2015년 설립 1년 만에 기업가치 1조 원을 달성한 아이카본엑스는 디지털미를 통해 앞으로 발생할 수 있는 질병에 대한 위험을 예측하는 서비스를 제공할 계획이다.

4

데이터 가치를
중시하는 수퍼컨슈머

5G, IoT, AI 등 다양한 디지털 기술의 발전으로 소비자는 더욱 방대한 양의 데이터를 만들어내고 있으며, 이렇게 발생된 개인 데이터의 가치도 점차 증가하고 있다.

디지털화는 폭발적인 데이터 발생을 의미한다. 시장조사업체 IDC가 발간한 데이터 백서(Data Age 2025)에 따르면, 2018년 33제타바이트(Zettabyte, 1기가바이트의 1조 배)였던 디지털 데이터는 2025년 175ZB로 폭증한다. 1ZB는 미국 전체 학술도서관에 소장된 도서 정보양의 50만 배에 이르는 수치다.

인류는 2000년 이전까지 약 12엑사바이트(Exabyte, 1기가바이트의 10억 배)의 정보를 만들었지만, 이제는 매일 인류가 만든 모든 데이터보다 더 많은 정보를 생산하고 있다. 전체 데이터의 60% 가량은 기업에서 생성되며, 개인의 데이터 생성량도 증가해 스마트폰, IoT 기기 등을 통해 하루 평균 4,800번의 상호 정보 교환을 하게 된다.

앞으로 소비자들은 자신의 데이터 가치를 인지하면서, 데이터를 거래의 주요 수단으로 활용하는 데이터 시장 참여자로 활동하게 된다. 소비자가 생성한 데이터는 기업뿐 아니라 정부에서도 소비자를 파악하고 평가하기 위해 유용하게 활용한다.

소비자들의 데이터는 다양한 사회 영역에도 활용되고 있다. 세계적으로 4,000여 개 이상 데이터 중개 기업이 존재하며, 가장 규모가 큰 액시엄(Acxiom)은 세계 약 7억 명의 데이터를 보유 중이다.

실제 액시엄은 오바마 미국 대통령 캠프에서 유권자들이 무엇을 궁금해 하고 어디에 관심을 가지는지 정보를 제공해 당선에 활용됐고, 9·11 테러 당시 11명의 테러범 데이터를 파악해 미국 정부에 제공한 바 있다.

데이터 가치의
급등

공짜 데이터는 없다:
개인정보의 가치 인식 변화

_____ 디지털화에 맞춰 기업들은 소비자와 관련한 데이터를
다양한 방식으로 수집, 가공, 활용했다. 인터넷 등장 초기 기업들은
개인정보를 무차별적으로 수집했으며, 이에 관한 소비자들의 반감도
적었다. 하지만 개인정보를 이용한 범죄, 유출 등 데이터 관련 사고
가 발생하면서 개인 데이터에 대한 소비자들의 인식도 바뀌고 있다.

그런데 기업들이 개인정보를 철저하게 관리하지 않아 대규모 정
보 유출 사건이 빈번하게 발생했다. 이 때문에 소비자들은 이전까지
당연히 제공하는 것으로 알고 있었던 개인정보 제공 수준과 활용

범위 등에 대해 민감하게 반응하고 있다.

글로벌 비즈니스로 성장한 데이터 거래 산업

기업들이 수집한 데이터는 특정 분야에서 필요한 데이터로 가공된다. 기업들이 원하는 형태로 만들어진 데이터를 사고파는 '데이터 브로커 산업'은 글로벌 비즈니스로 성장했다. 소비자의 공공기록, 온라인 활동, 구매이력은 이를 필요로 하는 기업 등 제3자에게 판매된다.

이렇게 수집된 개인정보가 어디까지, 어떻게 사용되는지에 대해서는 제대로 확인되지 않고 있다. 이 때문에 IT기업이 수집한 데이터의 재공유 의혹은 끊이지 않고 있으며, 이미 일부 기업들은 데이터 원 소유자의 동의 없이 데이터를 공유해 처벌받는 일도 나타나고 있다.

이런 문제는 전통적인 기업보다 디지털 기술로 운영되는 IT업체를 중심으로 나타나고 있고, 심각한 사회문제로 떠오르고 있다.

경제학자 로버트 셔피로는 "대형 IT회사들이 개인정보를 수집하는 것은 제너럴모터스(GM)가 강철이나 고무, 유리 등 재료 값을 지불하지 않는 것과 같다"라며 IT기업의 데이터 사유화를 지적했다.

2018년 〈뉴욕타임스〉는 페이스북이 지난 10년 동안 애플, 아마존, 삼성전자 등 스마트폰 제조사 60개 사를 포함해 총 150개 업체와 파트너십 계약을 체결하고 사용자 동의 없이 광범위한 개인정보 데이터 접근 권한을 제공했다는 의혹을 제기했다.

국내에서도 개인정보가 대량으로 거래되는 등 심각한 사회문제가 되고 있다. 방송통신위원회와 한국인터넷진흥원(KISA)에 따르면, 2018년 한 해 인터넷에 올라온 개인정보 불법거래 게시물 건수는 11만 5,743건에 달한다.

데이터의 가치에 따라 보상받는 시대

개인정보의 중요성이 알려지면서 소비자들은 자신의 데이터가 기업에게 높은 가치가 있음을 인식하고, 이를 활용하여 금전적인 보상을 얻게 됐다. 이에 따라 기업들은 고객민감도가 낮은 단순한 개인정보 활용은 이전처럼 자유롭게 활용할 수 있지만, 활용도가 높은 구체적인 개인정보 확보를 위해서는 그에 맞는 대가를 제공하고 있다.

민감도	개인 데이터 종류	설명
Low	소셜 데이터(Social data)	연락처 및 소셜미디어 친구
	인구통계 데이터(Demographic data)	나이, 성별, 인종, 정치적 성향 등
	신상 데이터(Identifying data)	이름, 주민등록번호, 범죄이력, 금융계좌 정보, 건강 정보 등
	사용자 생성 컨텐츠 (User generated content)	블로그 글 및 댓글, 사진 및 동영상 등
	위치 데이터(Locational data)	GPS 위치정보, IP 주소 등
High	행동 데이터(Behavioral data)	인터넷 검색기록, 온라인 구매이력 등

개인 데이터 공개 범위에 대한 소비자 인식

당신의 개인 데이터를 어느 범위까지 공개하실 생각이십니까?

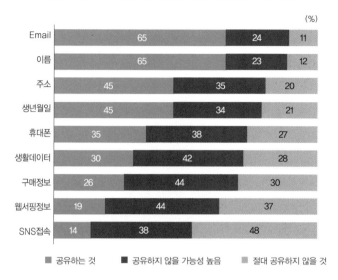

(%)

	공유하는 것	공유하지 않을 가능성 높음	절대 공유하지 않을 것
Email	65	24	11
이름	65	23	12
주소	45	35	20
생년월일	45	34	21
휴대폰	35	38	27
생활데이터	30	42	28
구매정보	26	44	30
웹서핑정보	19	44	37
SNS접속	14	38	48

콜럼비아대학의 연구에 따르면, 소비자들은 개인정보의 종류에 따라 정보제공 여부를 다르게 생각하고 있다. 메일 주소나 이름은 쉽게 제공하는 반면 인터넷 사용정보, 구매와 SNS 관련 정보는 꺼리는 것으로 나타났다. 민감한 개인정보의 개념이 달라지고 있는 것이다.

미국 광고회사 루프미(Loop Me)에 따르면, 미국 소비자는 익명이 보장된 1년치 개인 데이터 가치를 244달러로 책정했고, 영국 소비자는 254파운드(약 315달러), 독일 소비자는 건강이력 데이터의 가치를 약 184달러로 책정했다.

마이데이터 시대

_____ 개인정보에 대한 중요성이 높아짐에 따라 각 국가별로 개인 데이터 소유권 보호와 지원정책이 확산되고 있다.

우리나라는 2019년부터 개인이 능동적, 적극적으로 정보결정권을 행사할 수 있는 '마이데이터(MyData)' 사업을 발표했다. 마이데이터는 개인이 자신의 정보를 관리, 통제하는 것은 물론 이런 정보를 신용, 자산관리 등에 활용하는 것을 포함한다. 마이데이터를 이용해 각종 기관과 기업에 분산돼 있는 자신의 정보를 한꺼번에 확인할 수 있으며, 기업에 자신의 정보를 제공해 맞춤 상품이나 서비스를 추천받을 수 있다.

유럽연합은 2018년 5월부터 개인정보보호법(General Data Protection Regulation, GDPR)을 시행하고 있다. GDPR은 개인에게 데이터 주권을 부여해 스스로 데이터를 관리할 수 있게 하는 법이다

미국도 개인정보에 대한 인식이 사용자 중심으로 바뀌면서 정책적인 움직임이 나타나고 있다. 미국 연방 의회는 IT기업들이 어떤 개인정보를 수집했으며, 그 가치가 얼마인지 정기적으로 개인들에게 알려주는 법안을 발의했다. 캘리포니아주는 '소비자 프라이버시법(Consumer Privacy Act)'을 2020년 발효 예정이다. 이 법에 따르

면, 개인들은 기업들에게 제공한 자신의 정보를 제3자에게 판매하지 못하도록 하거나 삭제해달라고 요구할 수 있다.

데이터 거래시장의
형성

———————— 데이터 가치가 상승하면서 가치 있는 데이터를 사고파는 시장 규모도 급격하게 성장하고 있다.

시장조사업체 451리서치(451Research)에 따르면, 세계 데이터 거래시장은 2017년 890억 달러에서 2022년 1,461억 달러로 연평균 10.3% 성장할 것으로 전망된다.

기업 규모에서 데이터를 사고파는 것과 별개로 이미 소비자들은 일반 생활데이터, 차량주행 정보, 금융정보, 헬스케어 정보 등 다양한 데이터를 판매하고 있다.

특정 서비스 가입시 제공하는 개인정보와 인터넷 사용, 구매이력 등도 가치를 인정받고 있다. 미국 데이터쿱(Datacoup)은 개인으로부터 정보를 사서 가공해 다른 기업에 파는 스타트업이다. 회사는 소비자로부터 카드 결제기록, 검색기록, SNS이력, 건강과 운동기록 등 데이터를 제공받고 월 8달러씩을 지급한다.

헬스베리티(HealthVerity)는 2014년 설립된 뒤 3억 명의 의료데이터를 중개한 스타트업이다. 글로벌 제약회사 10곳 중 8곳이 이 회사의 서비스를 이용하는데, 관련 데이터는 개인을 특정할 수 없도

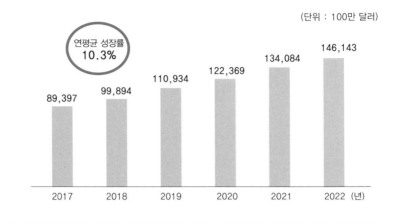

2017년에서 2022년 데이터 기반 솔루션 전체 시장 규모

(단위 : 100만 달러)

연평균 성장률
10.3%

2017	2018	2019	2020	2021	2022 (년)
89,397	99,894	110,934	122,369	134,084	146,143

록 '비식별화' 조치를 거친 뒤 거래된다.

　자동차 업체들은 소비자들의 운전이력을 수집해 새로운 자동차 개발과 관련 서비스에 적용하고 있다.

　BMW는 블록체인스타트업 DOVU와 협력해 주행기록을 수집하는 시스템을 개발했다. 주행이력을 제공한 운전자는 DOVU 암호화폐를 보상으로 받게 되며 차량 유지보수, 수리에 현금처럼 사용할 수 있다. BMW는 수집한 정보를 통해 신차 개발, 텔레매틱스 서비스에 반영하고, 주행거리 조작 예방에도 사용한다.

　일본 위성방송사인 스카이퍼펙트JSAT(SKY Perfect JSAT)는 미즈호은행과 소프트뱅크가 합작으로 만든 핀테크 기업 '제이스코어

(J-Score)'와 제휴해 개인 데이터를 공유하면 시청료를 할인해 주는 상품을 선보였다. 축구, 농구 등 해외 스포츠 중계 시청과 관련한 정보를 스포츠용품 업체에 제공한 시청자는 시청료를 할인받을 수 있다.

국내에는 블록체인을 활용해 개인정보 중개플랫폼을 구현한 스타트업들이 있다. 블록체인을 활용할 경우 사용자가 자신의 개인정보 이력을 통제하기 쉽고, 수익화가 가능하다는 것이 장점이다.

캐리프로토콜(Carry Protocol)은 사용자의 성별, 나이, 결제금액, 결제상품, 결제상점(위치) 등의 개인정보를 제공받고 관련 데이터를 토큰으로 보상한다. 메디블록(Medibloc)은 개인 건강 데이터를 제공하면 토큰을 지급한다. 제공된 데이터는 의료 연구와 헬스케어 애플리케이션 개발 등에 사용된다. 또 다른 업체인 에어블록(Airbloc)은 사용자들이 앱이나 웹을 사용할 때 생성되는 데이터를 받고 토큰으로 보상하고 있다.

데이터 거래는 개인과 기업을 넘어서 공공영역까지 확장하고 있다. 2016년 덴마크는 코펜하겐시에서 발생하는 교통, 에너지 사용 등 데이터를 관리, 거래할 수 있는 데이터 거래소를 구축했다. 이 데이터 거래소에서는 인구, 날씨와 범죄 통계 등 65종 이상의 데이터를 거래할 수 있다. 공공 목적으로 활용되는 데이터는 무료로 개방해 활용성을 높이고 있다. 데이터는 기업 운영뿐 아니라 국가 정책까지 활용되면서 가치가 높아지고 있다.

데이터 신용사회의 도래

온라인 활동 데이터로
소비자를 평가하는 시대

_____ 소비자들은 스마트폰과 IoT 기기를 통해 다양한 데이터를 만들어내고 있다. 이렇게 만들어진 데이터를 다각도로 분석할 수 있는 기술이 등장하면서 소비자는 자신이 만든 데이터로 평가받는 사회 속에 살고 있다.

지금까지 소비자를 분석하기 위한 데이터는 온라인 활동이나 금융정보 등 단편적이었고, 관련 정보를 분석한 결과도 제한적이었다. 그러나 앞으로는 SNS, 위치정보, 건강정보, 사진과 영상 등 기존 방식으로는 분석할 수 없는 영역까지 정교하게 분석되며 다양한 평가

근거로 사용될 수 있다.

신용과 면접까지 결정하는 빅데이터

금융업계는 개인의 신용도 평가를 위해 기존 거래내역과 SNS, 온라인 행동 패턴 등 다양한 빅데이터를 활용해 다각적인 분석을 하고 있다.

신용평가 업체 렌도(Lenddo)는 금융업체를 대신해 소비자 신용도를 평가해 주는 업체다. 연봉이나 자산 이외에 소비자에 대한 정확한 신용평가를 위해 다양한 데이터를 활용한다. 회사는 개발도상국 중산층 소비자를 대상으로 SNS 이력을 신용평가에 활용하고 있다. SNS 활동, 주변 지인과 가족들의 평가, 금융 실적을 종합해 신용도를 측정한다.

기업에 취업을 할 때도 소셜데이터는 중요한 당락 요소가 된다. 미국 인사관리업체 커리어빌더가 2017년 미국 내 기업 인사담당자 2,300명을 대상으로 실시한 조사에 따르면, 70% 이상 인사담당자가 직원 채용시 SNS 활동을 확인했다. 대부분 인사담당자들은 SNS를 통해 지원자의 인성과 인간관계 등을 확인해 채용에 반영하고 있다.

직원의 성과관리 근무기록도 데이터 기반으로 진행된다. 관리자는 IoT 센서기술과 실시간 데이터 수집을 통해 직원들의 행동과 심리상태까지 파악할 수 있게 된다. 사원증을 통한 출입기록과 PC접속기록 이외에도 직장 내 주요 지점과 가구에 센서를 부착해 업무와 관련한 다양한 분석이 가능하다.

미국 스타트업 휴머나이즈(Humanyze)는 센서를 통해 수집된 직원 데이터로 심리상태와 업무방식을 분석하는 '피플 애널리틱스(People Analytics)'를 개발했다.

이 솔루션을 활용하면 직원들의 이메일, 채팅, 일정관리 시스템 데이터와 인사 관련 데이터를 함께 분석해 얼마나 근무를 하고, 어디서 시간을 보내는지, 실적과 스트레스 수준도 측정할 수 있다.

수퍼컨슈머는 빅데이터를 통해 더 편리한 삶을 영위할 수 있지만, 반대로 빅데이터는 개인을 측정하고 분석하는 데 활용된다. 온라인과 오프라인에서 했던 행동이 누적돼 자신을 나타내는 자산으로 활용되는 것이다.

사회 전반에 걸쳐 적용되는
사회 신용점수

_____ 데이터는 부가적인 가치를 넘어서 개인의 모든 행동이 수집, 기록돼 '사회적 신용점수'로 활용되고 있다. 내가 어떤 사람인지는 어떤 데이터를 발생시켰는지 여부로 판단된다.

정부 차원에서 적극적으로 데이터를 활용하는 나라는 중국이다. 중국은 2020년을 기점으로 '신용사회 건설'계획을 추진하고 있다. 전 국민을 대상으로 개인 신용도를 정확하게 측정해 전체적인 신용도를 높이겠다는 계획이다. 이를 위해 중국 정부는 납세실적, 주택

담보대출, 교통법규 위반 등과 같은 공공정보뿐 아니라 온라인 제품 구매 등 기록을 빅데이터로 만들어 개인 신용도를 점수화할 계획이다.

이미 중국 최대 보험사 핑안보험(Ping An Insurance Company of China)과 텐센트, 알리바바 등 8개 기업이 사회적 신용평가 작업에 참여하고 있으며, 신용평가 점수가 낮은 사람들은 블랙리스트로 분류돼 취업, 해외여행, 자녀의 학교 입학 등에서 불이익을 받는다.

폭발적으로 증가하는 데이터를 어떻게 관리하는지에 따라서 국가와 기업, 개인까지 영향을 받는다. 특히, 개인과 기업이 보유하고 있지만 사용하지 않고 분석되지도 않는 '다크데이터(Dark Data)' 같은 구조화되지 않은 데이터, 활용처를 찾지 못한 데이터를 어떻게 활용할 수 있는지 여부가 중요하게 작용할 것이다.

Chapter

5

디지털 노마드가 된
수퍼컨슈머

디지털 기술의 발전은 직업에 대한 개념을 근본적으로 바꾸고 있다. 증기기관의 등장이 노동의 개념을 바꾼 것처럼 AI와 로봇, IoT는 현재의 직업 중심의 환경을 일하는 방식 중심으로 바꾸고 있다.

직장의 개념은 고정적인 정규직 중심에서 유동적인 프리랜서 중심으로 변하는 '긱 이코노미(Gig Economy)'로 전환이 활발해지고 있다. 긱 이코노미는 1920년대 초 미국의 재즈공연장 주변에서 즉석 연주자를 섭외해 공연을 벌이는 긱(Gig)이라는 단어에서 유래한 경제용어다. 디지털 기술이 일상화되면서 긱 이코노미는 온라인 플랫폼을 중심으로 바뀌는 직업환경을 지칭하고 있다. 우버나 에어비앤비처럼 온라인 중개 플랫폼을 통해 서비스를 제공하는 독립형 일자리를 형성하는 생태계를 긱 이코노미라고 한다.

긱 이코노미 이전부터 프리랜서들은 전통적인 회사와 별개로 존재했다. 하지만 온라인 중개 플랫폼을 통해 누구나 자신의 재능과 서비스를 쉽게 제공할 수 있게 되고, 회사도 업무에 따라 필요한 인력자원을 쉽게 수급할 수 있게 되면서 프리랜서 수와 영향력이 확대되고 있다. 2025년에는 미국, 유럽, 일본 등 선진국 근로자의 약 20%가 프리랜서 계약자 형태로 전환될 것으로 전망되고 있다.

또한 로봇과 AI는 단순 업무부터 전문직 등 사람의 정신적 노동 업무 영역을 대체하는 '머신 이코노미(Machine Economy)'를 이끌면서 근로현장 내 파괴적 혁신의 주 요인이 되고 있다.

AI는 이미 의사, 변호사, 관리자 등 화이트칼라 직종은 물론 광고기획자, 예술가 등 창의성이 요구되는 분야까지 진출했다. 그동안 사람이 해야 했던 일을 로봇과 AI가 대체하면서 일자리가 재정의되고 있다. 사람들은 한 가지 직업을 장기간 집중하던 것과 다른 일생 동안 다양한 직업을 넘나들며 일하는 환경을 경험하게 된다.

긱 이코노미와 머신 이코노미가 노동시장에 미치는 영향

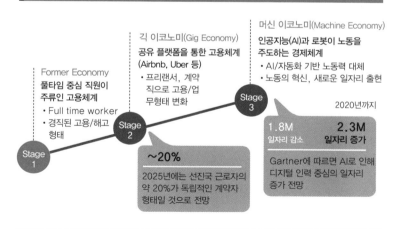

프리랜서가
주도하는
긱 이코노미

전문직 프리랜서
시대

_____ 과거 일자리는 직장, 직무 등 물리적인 공간을 중심으로 하루 종일 일하는 근무형태로 운영됐다. 하지만 앞으로는 일자리가 세분화돼 프로젝트나 업무에 따라 일자리를 공유하는 긱 이코노미 방식이 빠르게 확산될 전망이다. 기업은 필요에 따라 인력을 모집하고, 근로자는 자신이 가지고 있는 업무능력을 자산화해 필요할 때 제공한다.

수퍼컨슈머는 원격 근무가 가능한 근무환경의 변화와 다양한 구직 플랫폼을 활용해 단순 업무에서 전문지식과 기술이 필요한 숙련

아마존 M-Turk의 프리랜서 플랫폼

고용주	구직자들이 자유롭게 Task 선정하여 일할 수 있는 Market Place 제공	구직자
연구 기관		직장인
마케팅 에이전시	설문 조사 사진 고르기	학생
앱 개발사		주부
스타트업	컨텐츠 리뷰 자료조사	프리랜서
⋮		⋮

2005년 런칭하여 2년 만에 190개국의 50만 프리랜서 확보

업무까지 프리랜서로 자유롭게 구직할 수 있는 환경에서 일하게 된다. 인터넷을 통해 손쉽게 일자리를 구하고, 경제활동을 할 수 있는 '누구나 프리랜서'가 될 수 있는 시대가 오고 있다.

디지털 플랫폼을 발판으로 부상하는 프리랜서

기존 프리랜서 플랫폼은 시간제로 운영되는 단순 업무 중심의 비숙련자를 위한 시간제 일자리 중심이었다. 구직자는 별다른 업무능력이나 자격 사항이 없이 할 수 있는 일을 선택했다. 대표적인 단순 업무 플랫폼인 아마존 'M-Turk'는 특정 업무를 크라우드소싱 방식으로 해결한다. M-Turk는 작업요청자가 보상을 걸고 업무를 올려

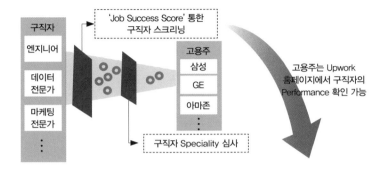

Upwork 구직자의 Job Success Score 화면

12개월 총수입		$5,403
12개월 피드백 점수	★★★★★	4.77
추천 비율		82%
장기고객 비율		68%
최근 계정정지 횟수		0

놓으면, 전 세계에서 지원자들이 온라인으로 해당 업무를 수행하는 방식으로 운영된다.

　최근 프리랜서 플랫폼은 프로젝트 단위로 전문가를 구인하는 방식까지 등장하고 있다. 이런 플랫폼은 구직자를 직급과 연차와 같은 기준이 아닌 플랫폼을 통해 입증된 실력과 평가로 본인이 가치를 증명하는 형태다.

대표적인 프리랜서 플랫폼인 '업워크(Upwork)'는 3,500여 개 전문직 종사자를 포함해 전 세계 150개국, 1,200만 명의 프리랜서가 등록됐다. 회원들은 플랫폼 내 활동을 통해 몸값이 결정된다.

매년 300만 건의 일자리가 업워크를 통해 게시된다. 업워크는 기업들에게 프리랜서를 찾고, 조사하고, 고용하는 데 걸리는 시간을 줄여주고, 프리랜서에게는 그에 맞는 업무를 제공한다.

아마존 M-Turk가 단순 노동 중심의 프리랜서 플랫폼이었다면, 업워크는 삼성전자, 마이크로소프트 등 글로벌 대기업들이 활용할 정도로 전문성을 갖춘 플랫폼이다. 업워크는 프리랜서 고용을 통해 생산성을 높이고 비용을 50% 이상 절감할 수 있다고 설명하고 있다.

라이프스타일의 제약이 사라지는 업무방식

_____ 수퍼컨슈머는 5G, IoT, 디바이스 등 기술의 발전으로 업무효율성을 향상시켜주는 업무 툴과 공유 오피스 등을 이용해 직장의 물리적 공간, 시간의 한계를 벗어난 진정한 '디지털 노마드족'으로 바뀌고 있다.

동료와 사무실을 대체하는 협업툴과 공유 오피스

전통적인 업무공간은 물리적인 사무실과 동료들이 핵심 자원이었다. 하지만 긱 이코노미시대 프리랜서들은 협업툴과 공유 오피스를 활용해 더 많은 일을 효율적으로 처리한다.

'슬랙(Slack)'은 업무 간 협업을 위한 스마트 워크 메신저다.

슬랙은 이메일 주소만으로 간단하게 팀을 조직할 수 있어, 빠르게 변하는 긱 이코노미, 스타트업에 적합하다. 사용자수는 2014년 1만 6,000명에서 2019년 1,000만 명으로 폭발적으로 성장했다.

슬랙의 성공으로 다른 기업들도 업무용 메신저 부문을 강화하고 있다. 마이크로소프트 팀즈(Teams), 구글 행아웃챗(Hangout Chat), 페이스북 워크플레이스(Work Place), 시스코 웹엑스팀즈(Webex Teams)는 달라진 업무형태를 지원하는 협업툴이다.

업무도구뿐 아니라 근무환경도 긱 이코노미에 맞춘 긱 워크스페이스(Gig Workspace)로 진화하고 있다.

미국의 '아웃사이트(Outsite)'는 디지털 노마드족을 위한 휴양지 업무 지원 서비스 업체다. 발리, 리스본, 산티아고 등 총 5개국 13개 지역에서 멤버십 회원을 대상으로 자유로운 이동, 커뮤니티 서비스를 제공한다.

원격근무로 일과 삶의 균형을 맞추는 긱 워커(Gig Worker)

기업들이 원격업무와 일(Work)과 휴가(Vacation)를 합친 워케이션(Workcation)과 같은 유연한 근무제도를 도입하고 있어, 수퍼컨슈

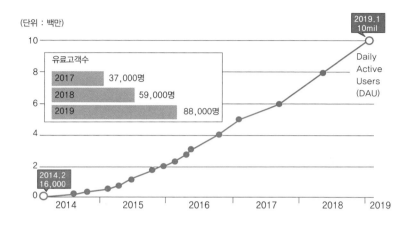

슬랙의 1일 사용자수(DAU) 추이

(단위 : 백만)

2019.1
10mil

10

8

유료고객수

2017   37,000명

2018   59,000명

6

2019   88,000명

Daily
Active
Users
(DAU)

4

2

2014.2
16,000

0

2014   2015   2016   2017   2018   2019

머는 긱 이코노미에 적합한 긱 워커(Gig Worker)로 자신이 원하는
수준의 일과 삶을 누릴 수 있게 된다.

원격근무는 일의 효율성 측면에서도 긍정적인 영향을 미치는 것
으로 나타났다. 〈포브스〉가 미국 근로자 5,000명을 대상으로 한 설
문에서 원격근무시 생산성이 높아진다고 답한 사람은 66%에 달했
고, 이상적인 근무 형태로 완전한 원격근무를 택한 사람도 81%나
됐다.

실제 전 직원의 원격 근무를 도입한 업체도 있다. 소프트웨어 개
발업체 '인비전(Invision)'은 800명에 달하는 직원이 모두 원격근무
를 한다.

인비전은 사무실을 없앤 대신 각 지역에 있는 능력 있는 인재들에게 높은 연봉과 복지에 투자했다. 직원들은 미국, 유럽, 호주 등 전 세계에서 근무하며, 팀별로 4시간 이상 근무시간을 겹치게 구성해 협업한다. 이외는 자율성을 부여해 근무시간보다 업무결과로 직원을 평가한다.

유연한 근무환경은 국적과 지역에 상관없이 능력 있는 인재를 고용할 수 있으며, 높은 임금을 받는 직원이 스스로 동기부여를 통해 능동적으로 업무에 참여하도록 유도하는 효과를 내고 있다. 또한 업무와 휴가를 동시에 할 수 있도록 해, 휴양지에서 휴가를 즐기면서도 맡은 업무를 수행하면 정상 근무로 처리한다. 업무 스트레스를 풀고 회사에 대한 만족도를 높여 결과적으로 업무효율을 높인다.

AI와 로봇이
주도하는
머신 이코노미

02

진정한 업무 자동화로의

전환

_____ 디지털 기술은 사람이 필요했던 분야를 빠르게 대체하고 있다. 단순 반복 작업인 저숙련 생산직뿐 아니라 디지털로 대체되기 어려울 것이라고 여겨졌던 복잡하고 전문적인 사무직도 변화를 겪고 있다. 디지털 기술이 일자리에 미치는 영향은 산업과 직업별로 격차가 크지만, 결국 어떤 형태로든 변화를 일으키고 있다. 특히, 정형 데이터 위주로 업무가 이뤄지는 금융업은 AI와 로봇이 결합하면서 인력 대체 현상이 빠르게 나타나고 있다.

앞으로 근로자들은 AI와 로봇을 동료로 같은 업무공간 안에서 협력하며 긴밀한 관계를 맺게 된다.

기업은 근로자들이 AI와 로봇에 이질감을 느끼지 않고 기계와 일한다는 생각이 들지 않도록 '실수 효과(Pratfall Effect)'까지 고려해 세밀하게 설계하게 된다. 실수 효과란 '모든 측면에서 완벽한 대상'보다 '거의 완벽하나 실수나 허물이 있는 대상'에게 더 호감을 느끼는 심리를 의미한다.

실수 효과는 일반적으로 인간관계에 적용됐지만, 머신 이코노미 시대에 근로자와 AI, 로봇 사이의 관계에도 적용돼 업무효율을 높일 방법으로 사용될 수 있다.

AI와 로봇은 실수 효과 알고리즘이 적용돼 업무상으로 완벽하고 객관적인 일 처리를 진행하지만 업무 외적인 부분은 실수하거나 빈틈을 보이게 된다. 근로자들은 이런 모습을 통해 기계가 아닌 마치 근로자 동료와 일하고 있다고 생각하며 함께 일하는 동안 AI와 로봇에 대한 위화감을 줄일 수 있다.

1869년에 설립된 금융기업 골드만삭스는 2015년 금융기업이 아닌 IT기업으로의 전환을 발표했다. 회사는 금융업이 IT 기반으로 재정의된다는 판단아래 IT기업들을 차례로 인수하거나 투자해 AI, 빅데이터 부문을 강화하고 있다.

회사는 소셜네트워크 서비스를 실시간 분석할 수 있는 데이터 마이너를 포함해, 온라인 자산관리 사이트 '어니스트달러(Honest Dollar)', AI 데이터분석 업체 '켄쇼테크놀로지(Kensho Technologies)', 빅데이터 솔루션 업체 '안투잇(Antuit)'에 잇달아 투자를 진행했다.

실제 업무에도 인력들을 디지털 기술로 대체했다. 기존 600여 명의 주식트레이더를 1~2명으로 축소하고, 4명의 딜러가 담당하던 외환거래 업무를 한 명의 컴퓨터 엔지니어로 대체했다.

회사가 2016년부터 운영해 온 AI 온라인 신용대출 플랫폼 '마커스(Marcus)'는 전담 인력 없이 소프트웨어로 작동한다. 대출받을 잠재고객을 데이터로 분류해 이메일을 보내고, 인터넷을 통해 대출을 진행한다.

골드만삭스는 IT기업으로의 전환을 시도하고 있으며, 이는 인력구성에서 나타난다. 전체 직원 70%가 30세 안팎인 밀레니얼 세대로 구성돼 있고, 이 중 IT 인력은 9,000명에 달하는데 페이스북의 총 직원수(약 9,200명)와 비슷하고, 트위터 직원수(약 3,600명)보다 2배 이상 많다. 골드만삭스가 세계적인 IT기업인 트위터에 비해 2배나 많은 IT 인력을 보유하고 있는 셈이다.

동료를 넘어
보스로 진화하는 AI

머신 이코노미는 핵심 업무를 넘어 사람이 꼭 필요한 업무라고 여겨진 직원 면접, 채용, 관리 등 인사 부문까지 담당하는 'AI 보스'로 진화하고 있다.

AI업체 '하이어뷰(Hirevue)'는 AI 영상 면접 프로그램을 만드는 업체다. 면접 프로그램은 AI 질문에 따라 약 20분에 걸쳐 답변하는 방식으로 진행된다. AI는 면접과정 중 지원자의 답변과 표정이나 언어선택까지 분석해 알고리즘에 따라 평가한다. 힐튼호텔은 하이어뷰의 AI 면접 프로그램을 이용해 평균 6주가 걸렸던 채용기간을 5일로 단축했다.

근로자의 생산성 평가에도 AI가 활용된다. 아마존은 볼티모어 물류센터에서 AI로 근로자의 생산성을 평가하고, 관련 정보를 기반으로 경고 또는 해고를 할 수 있는 업무 분석 기능을 도입했다.

아마존은 2017년부터 2018년까지 AI 분석 결과를 기반으로 약 300여 명을 해고했는데, 이는 전체 근로자의 약 12% 수준에 달한다. AI는 사람의 업무를 도와준다는 점에서 조명됐지만, 이제는 동료를 넘어서 사람을 관리하는 보스의 역할까지 맡게 됐다.

머신 이코노미가 가져오는 새로운 기회

AI와 로봇의 발전을 기반으로 한 머신경제는 사람의 직업을 대체하며 위협적인 존재로 인식되지만, 동시에 더욱 많은 업무 기회를 제공할 수 있을 것으로 기대된다.

세계경제포럼(WEF)이 내놓은 〈미래의 직업 2018 *The Future of Jobs 2018*〉 보고서는 로봇 자동화가 과거에 존재하지 않았던 직업군을 창출해 더 많은 고용창출로 이어질 것으로 예상했다. 보고서는

2025년까지 사라질 일자리는 7,500만 개지만 창출될 일자리는 1억 3,300만 개라고 전망했다.

기술 발전으로 인한 더 많은 생산과 소비는 다양한 소비형태를 창출해 새로운 직업과 고용창출의 계기가 될 것으로 전망된다.

호주청년재단(The Foundation for Young Australians)이 발간한 〈새로운 일에 대한 마음가짐 The New Work Mindset〉 보고서에 따르면, 2016년 기준 15세의 호주 청소년은 평생 5개의 직업과 17곳의 직장을 거칠 것이며, 한 직업에서 쌓은 역량을 다른 13개 직업에 적용할 것으로 전망했다. 보고서는 평생직장과 안정된 직업은 사라지고 평생 배우고 변화하는 과정에서 많은 직업을 경험하는 방식으로 바뀔 것으로 내다봤다. 이 같은 변화에 맞춰 미래사회에 적응하기 위해서는 직업이 아닌 일할 수 있는 역량과 직업군을 고려해야 한다고 조언했다.

머신 이코노미를 대비하는 수퍼컨슈머

머신 이코노미 확산에 맞춰 기업과 학계 등 사회 전반에 걸쳐 수퍼컨슈머들을 위한 전문적인 교육이 활발하게 진행 중이다.

아마존은 2025년까지 약 7억 달러를 투입해 직원 10만 명을 프로그래밍 등 머신 이코노미에 맞게 재교육할 계획이며, 유럽 투자은행 크레디트스위스는 창구 직원 중 희망자에게 AI와 코딩 교육을 지원해 온라인 금융상품 개발자로 전환할 수 있도록 했다.

MIT는 2019년부터 AI를 '미래의 언어'로 규정하고 전교생 대상

필수 교육과정으로 선정했다. 이에 AI 언어와 자신의 전공 언어를 동시에 구사하는 신개념의 '이중 언어자'를 양성한다는 목표다.

중국은 AI와 빅데이터 관련 학과를 400개 신설할 예정으로, 국가적 차원에서도 상하이 한곳만 미국 국방부 예산(4억 달러)의 3배에 달하는 연 15억 달러를 투자한다.

2019년 일본은 국가적인 차원에서 매년 25만 명 AI 인력양성 계획을 수립해, 교육개혁을 통한 AI 인재육성과 확보에 나선다.

대표적인 온라인 대중 공개수업(Massive Open Online Course, MOOC) 플랫폼인 미국의 코세라(Coursera)는 대학, 기타 조직과 협력하여 공학, 인문학, 의학, 디지털 마케팅, 데이터 과학 등 다양한 온라인 강의를 제공하고 있으며 2017년 기준 8,100만 명이 등록해 9,400여 개 강의를 이용하고 있다.

센티네리언(Centenarian) 시대를 살아가는 수퍼컨슈머는 현재 '교육-취업-퇴직'의 3단계 경제활동 사이클이 퇴직 후 재교육과 재취업이 반복되는 향후 5~7단계로 확장되는 삶을 준비해야 한다.

이를 위해 새로운 기술 습득을 위해 지속적인 재교육을 받는 다단계 삶을 살게 되는 것이 수퍼컨슈머의 모습이다.

PART

3

수퍼컨슈머로 인한
산업계의 변화

Chapter

1

AI와 데이터로
초개인화되는
소비재/유통산업

　모든 산업은 자연스럽게 다른 산업과 구분되는 특징이 있다. 특히 소비재 및 유통산업은 크게 3가지 차별적 특징을 가지고 있다. 디지털 기술이 산업 전반에 자리 잡으면서 이 특징은 더욱 두드러지고 있다.

　우선 다른 산업 대비 온라인 채널의 영향력이 크게 확대되고 있으며, 동시에 소비자들이 오프라인에서 실제 제품을 확인하려는 요구가 높아 오프라인 채널의 중요성도 여전히 높다. 두 번째로 소비가 반복적으로 일어나고 구매주기가 짧아서 소비자는 다양한 브랜드를 사용해 볼 수 있으며, 최근에는 다양한 상품의 등장으로 선택지가 더욱 많아지면서 브랜드 충성도가 약해지고 있다. 마지막으로 과거에는 소품종 대량 생산이라는 규모의 경제가 중요한 산업이었으나, 오늘날에는 소비 트렌드의 빠른 변화로 다품종 소량 생산 역량이 중요해지고 있다. 이와 같은 소비재 및 유통산업의 특수성과 AI, 빅데이터, 알고리즘 등 디지털 기술의 발달, 1인가구와 밀레니얼 세대의 급부상 등의 동인들에 의해 파괴적 혁신이 빠르게 진행되고 있다.

소비재 및 유통산업의 변화에 맞춰 수퍼컨슈머는 이전 소비자와 다른 성향을 보인다. 수퍼컨슈머는 디지털 채널을 선호하며, AI 디지털 어시스턴트를 통해 자신에게 최적화된 제품을 구매한다. 특히 소비재 제품과 관련해 디지털 어시스턴트를 적극적으로 활용하는 경향을 보인다. 수퍼컨슈머는 미니멀리즘과 합리적인 소비를 추구하기 때문에 소유보다 경험의 가치를 우선순위에 두고 행동한다. 생필품 같은 저관여 제품부터 가구 등의 고관여 제품까지 최대한의 경험을 누리기 위해 구독경제와 공유경제를 적극적으로 활용한다. 또한 개성을 중시하고 맞춤형 제품과 서비스를 원하는 요구가 증가하면서, 범용 제품보다 자신의 소비철학과 윤리에 맞고 개성을 드러낼 수 있는 맞춤형 상품과 서비스를 선호하는 경향이 있다.

소비재와 유통산업에서 소비자들의 구매형태 및 소비에 대한 인식의 변화는 디지털 기술 혁신으로 유통, 식품, 패션 부문도 새롭게 정의하고 있다.

소비자들은 제품과 서비스를 고려할 때 가격과 평판 등 한정된 정보를 활용했던 과거의 구매패턴에서 벗어나 AI와 빅데이터가 결합한 디지털 기술을 이용하여 초개인화 구매를 한다. 특히 디지털 어시스턴트의 활용이 높아지면서 소비자들은 AI 플랫폼이 추천하는 결과를 적극적으로 활용하고 신뢰하며, 생필품 같은 일부 제품은 아예 구매까지 일임하게 된다.

디지털 채널이 오프라인을 완전히 대체할 수 있을 정도로 발전하면서, 기존 오프라인 매장은 소비자들이 제품의 정보를 얻는 '쇼룸'으로 성격이 바뀐다. 오프라인 매장은 소비자에게 구매 전 경험을 제공하는 역할이 중요해진다. 식품 부문은 개인별 기호에 맞춘 소비에서 각자 신체 특성과 건강 상황에 따른 맞춤형 건강솔루션을 통한 소비로 전환된다. 수퍼컨슈머는 기업이 제품과 관련한 정보를 투명하게 공개하는 것을 중요하게 생각하기 때문에, 기업들은 원료와 제조, 유통까지 전 과정에 대한 정보를 블록체인에 저장해 제공하게 된다.

패션과 뷰티 분야도 공유경제와 초개인화의 영향을 받아 핵심 가치가 바뀐다. 소비자들은 매장을 방문해 구매하는 방식에서 벗어나, 필요한 시점에 원하는 제품을 추천받아 일시적으로 이용하는 '스타일 렌털 방식'을 선호하게 된다. 화장품 소비도 자신의 피부에 맞는 기성 제품을 바로 찾아 쓰는 형태에서 자신의 피부를 분석한 '맞춤형 솔루션'을 바탕으로 AI에게 최적의 제품을 제공받는 형태로 전환된다.

　소비재 및 유통산업의 변화는 전통적인 방식을 추구하는 기업에 위험요소이지만, 디지털 기술로 혁신하는 기업에게는 오히려 기회요인으로 작용한다. 소비재 및 유통 관련 기업은 달라진 환경에서 살아남고 성장의 기회와 경쟁력을 확보하기 위해 기존 방식에서 벗어나 새로운 채널 전략과 비즈니스 모델을 준비해야 한다.

AI 추천 플랫폼에 의해 재편되는 소비재산업

AI 추천 플랫폼에 종속되는
소비재 브랜드

_____ 소비재산업에서는 AI 추천 플랫폼이 확산되면서 소비자들이 물품 구입을 AI 추천에 의존하는 현상이 심화된다. 이런 변화는 소비자들이 다양한 제품을 탐색하고 선택하는 방식을 벗어나 AI가 추천해 주는 1~2개 제품 중에서 선택하고 결정하는 구매패턴으로 나타난다. 인터넷 쇼핑이 PC에서 모바일로 바뀌면서 제한된 화면 크기에 맞춰 탐색 품목이 줄어든 것처럼, AI 추천을 통한 구매는 수없이 많은 검색 결과의 나열이 아닌 극소수의 맞춤형 결과만 도출하게 된다. 소비자들은 복잡한 탐색과정과 노력이 필요한 기존 방

식보다 효율적인 AI 플랫폼을 활용한 구매를 선호하게 된다. 이 과정에서 소비자들은 AI 플랫폼의 추천이 최상의 선택이라고 판단하기 때문에 구매과정의 대부분을 AI에 맡기는 자동구매가 자연스럽게 확산된다. 이 때문에 AI를 통한 자동구매는 차별성을 갖지 못한 브랜드를 추천 대상에서 제외하여 소비자에게 외면받게 만든다.

기업들은 AI 플랫폼을 활용한 구매방식이 주요 소비 방법으로 자리매김하는 것에 주목해야 한다. 주요 시장조사업체 연구결과에 따르면, 향후 5년 내 AI 추천 플랫폼은 기존 소비방식을 빠른 속도로 대체할 것이다. 시장조사업체 캐널리스(Canalys)는 AI 스피커 보급이 2019년 2억 대에서 2023년 5억 대로 성장할 것으로 예상하고 있다. 이마케터(eMarketer)도 미국과 영국, 캐나다는 5가구 중 1가구 이상이 AI 스피커를 보유하고 있으며, 최근 2년 사이 AI 스피커로 쇼핑을 하는 사용자들이 20%가량 증가했다고 밝혔다.

우리나라도 AI 스피커 보급이 가파르게 성장하고 있어 2017년 100만 대에서 2018년 300만 대, 2019년 800만 대에 이를 것으로 보인다.

AI 추천 플랫폼 시대에는 차별화된 경쟁력을 확보하지 못한 소비재 브랜드는 자연스럽게 외면받게 되고, 반대로 소비자 선호가 뚜렷한 브랜드 제품은 살아남게 된다. 예를 들어, 샴푸를 주문할 때 소비자는 자신이 선호하는 브랜드를 지정해 주문(헤드앤숄더 주문해 줘)하거나, 카테고리만 지정해 주문(샴푸 주문해 줘)하는 방식으로 바뀐다. 카테고리만 지정해 주문하는 후자의 경우, 소비자에게 어떤 브랜드

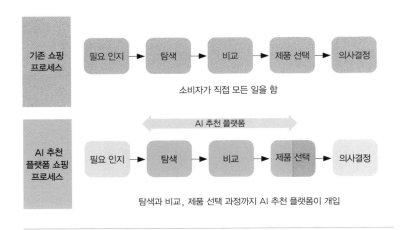

AI로 인한 소비자의 쇼핑 프로세스 간소화

기존 쇼핑
프로세스

필요 인지 → 탐색 → 비교 → 제품 선택 → 의사결정

소비자가 직접 모든 일을 함

AI 추천 플랫폼

AI 추천
플랫폼 쇼핑
프로세스

필요 인지 → 탐색 → 비교 → 제품 선택 → 의사결정

탐색과 비교, 제품 선택 과정까지 AI 추천 플랫폼이 개입

를 추천할 것인지는 AI에 달려있다.

AI 추천 제품으로 결정되는 소비

이런 상황에서 AI는 기업의 자체개발브랜드(Private Brand, PB)가 있는 제품군에서는 해당 PB를 우선 추천한다. AI 플랫폼 보유기업들이 신규 PB 제품을 확대하게 되면 그외의 제품들 중에서 상당수가 AI의 추천 대상에 오르지 못해 시장에서 외면받는 상황이 더욱 가속화된다.

디지털 마케팅 에이전시 L2인텔리전트(L2 Intelligent)에 따르면, AI 추천 플랫폼은 실제로 자사 PB를 우선적으로 노출하는 방식으로 소비자의 선택과 구매를 유도하고 있다. 아마존은 소비자가 AI 스피커 알렉사를 통해 특정 제품을 검색하는 경우 59%에 달하는 비중으로 아마존 초이스(아마존 PB 제품)를 권유하는 것으로 나타났는데, 이는 베스트셀러(24.7%), 상위검색 항목(16.3%) 등 구매에 영향을 미치는 다른 요소에 비해 압도적으로 높은 수치다. AI 추천 플랫폼 자체가 시장을 움직이고 수요를 조절하는 것이다.

브랜드 파워가 약화되는 AI 추천 플랫폼 중심의 환경에서 생존하기 위해서 브랜드는 우선 AI 추천 플랫폼과의 파트너십을 통해 소비자로부터 선택받을 가능성을 극대화하거나, 차별적인 상품을 통해 소비자직접판매(Direct-To-Consumer, D2C)를 강화하여야 한다.

소비자 브랜드 시사점 1:
AI 추천 플랫폼과의 파트너십 통한 판매 확대
_____ 소비재 브랜드들은 AI 추천 플랫폼에 최대한 선택받을 수 있는 가능성을 높이기 위해 다음과 같은 방법으로 차별화에 나선다. 우선 가격경쟁력을 확보하기 위해 대부분 소비재 브랜드들은 초저가 전략을 필수로 선택한다. 나아가 AI 추천 플랫폼이 주요 유통채널에서 영향력이 강화되면서, 협력을 통해 해당 플랫폼에만 제공하는 독점 브랜드(Exclusive Brand)로 입점하거나 AI 추천 플랫폼의 PB로 전환하는 전략을 취하게 된다.

초저가 브랜드로 전략 변경

일반적으로 AI 추천 플랫폼은 소비자의 과거 구매이력을 토대로 상품을 추천하지만, 구매이력이 없는 경우 이용자의 성향을 파악하기 어려워 개인화 서비스 제공이 불가능하다. 이때 AI 추천 플랫폼은 자사 PB를 우선 추천하거나 가격과 사용자 평가를 감안해 추천한다.

아마존 알렉사의 경우 소비자가 제품검색을 요청하면 우선적으로 과거 구매했던 상품, 두 번째로는 아마존 PB 상품인 아마존 초이스, 마지막으로 상품가격과 리뷰를 고려해 적합한 상품을 추천한다. 이렇게 AI 플랫폼이 가격을 높은 우선순위에 두고 고려하므로, 소비재 브랜드 입장에서는 선택받기 위해 가격을 낮출 수밖에 없다.

AI 추천 플랫폼과 파트너십을 통한 독점 브랜드 출시

최근 AI 추천 플랫폼은 다양한 상품을 독점 브랜드로 확보하며 유통채널 경쟁력을 강화하고 있다. 아마존은 2018년부터 자사 유통 경쟁력 확보를 위해 독점 브랜드를 적극적으로 끌어들이고 있다. 2018년 기준 아마존의 독점 브랜드는 434개에 달한다.

일부 업체들은 AI 추천 플랫폼을 대상으로 초저가 브랜드를 출범해 기존 사업에 영향을 주지 않으면서, 제품 포트폴리오를 다각화하고 있다. 미국 매트리스 업체인 '터프앤니들(Turf & Needle)'은 2018년 아마존 독점 브랜드 '더노드(The Nod)'를 만들었다. 터프앤니들은 더노드 브랜드 제품을 자체 브랜드 제품 대비 가격을 30% 낮게 책정해 경쟁업체와 차별화했다.

전 세계 8,000여 개 매장을 운영하는 건강보조식품 업체 GNC는 오프라인 매장 매출 감소에 대응하기 위해, 2018년 아마존 독점 브랜드 '챌린지바이GNC(Challenge by GNC)'를 출시했다. 챌린지바이 GNC는 기존 제품군에 비해 가격이 저렴하여 아마존 추천 상품을 통해 더 많이 노출되고 있다.

AI 추천 플랫폼과 파트너십을 통한 PB 출시

AI 추천 플랫폼은 어느 정도 소비자 규모를 확보하게 되면 수익성 제고와 경쟁업체와의 차별화를 위해 PB를 확대하는 경향을 보인다. 이러한 흐름 속에서 소비재 브랜드는 AI 추천 플랫폼과 파트너십을 통해 파트너사의 PB를 출시하여 변화에 적극적으로 대응하는 전략을 펼칠 수 있다.

유통채널의 PB 강화는 오프라인 유통채널에서도 나타나는 현상이다. 코스트코, 월마트 등 주요 유통사는 수익 확대를 위해 적극적으로 PB를 육성하고 있으며, PB 비중은 17%(2018년 기준)에 달한다.

아마존도 다양한 중소 브랜드들과 파트너십을 통해 PB 브랜드를 확대하고 있으며, 특히 패션 분야에서 두드러지게 나타나고 있다. 아마존은 패션 PB 브랜드 육성을 위해 AI 기반 패션 추천 플랫폼 에코룩을 지원함으로써 전체 PB 매출 중 86%를 패션 부문에서 달성하고 있다.

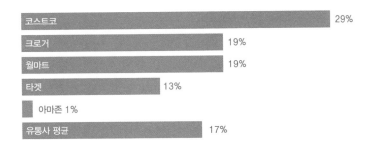

2018년 미국 주요 유통사별 PB 매출 비중

코스트코	29%
크로거	19%
월마트	19%
타겟	13%
아마존 1%	
유통사 평균	17%

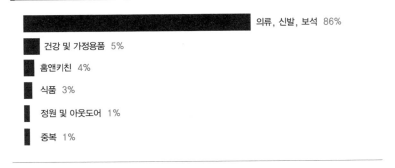

2018년 아마존 상품 카테고리별 PB 매출 비중

| 의류, 신발, 보석 86% |
| 건강 및 가정용품 5% |
| 홈앤키친 4% |
| 식품 3% |
| 정원 및 아웃도어 1% |
| 중복 1% |

소비재 브랜드 시사점 2:
초개인화 및 구독서비스를 통한 D2C 사업모델 강화

──────── 소비재 브랜드들은 AI 추천 플랫폼의 영향력에서 벗어나기 위해서, 고객과 직접적인 접점 확보를 통해 충성도를 높일 수 있는 D2C 모델을 구축할 수 있다.

과거 브랜드들은 유통채널의 고객 확보 역량에 일방적으로 의존할 수밖에 없었지만, 인터넷과 SNS의 발달로 제조사는 이제 유통 채널 없이 바로 소비자를 만날 수 있는 D2C 채널을 운영하고 있다. 가장 기본적인 형태의 D2C 모델은 SNS를 통해 제품을 알리고 판매하는 방식이다. 하지만 단순히 판매채널만 D2C로 전환하는 것은 차별성이 없고 동종업계 경쟁심화로 수익성도 낮아지고 있어 효과에 한계가 있다. 이에 소비재 브랜드들은 기존 D2C 모델을 넘어 초개인화와 구독모델 등의 차별적인 가치를 제공해 특정 제품이나 서비스에 소비자를 묶어두는 '락인(Lock-in)' 전략을 활용해야 한다.

초개인화를 통한 고객 락인(Lock-in) 강화

패션, 가구 등 소비자들의 취향이 중요하고 관여가 높은 제품을 판매하는 회사들은 자사 채널에서만 제공하는 초개인화 맞춤형 제품과 서비스로 락인을 강화할 수 있다.

할리데이비슨은 고객이 온라인으로 바이크를 구성하는 요소인 바퀴, 시트, 페달 위치까지 원하는 사양으로 선택할 수 있는 서비스를, 나이키는 90분 내로 원하는 색상, 패턴, 문구를 넣어 나만의 운동화를 만들 수 있는 서비스를 제공하고 있다. 독일 명품 주방가구 업체 '노빌리아(Nobilia)'는 주방가구에 100여 개가 넘는 마감재와 90여 개의 손잡이 등을 선택해서 주문할 수 있는 서비스를 제공하고 있다.

구독모델을 활용한 고객 락인(Lock-in) 강화

초개인화가 어려운 저관여 상품이나 단순 서비스도 D2C 방식으로 맞춤형 구독모델을 통해 락인 효과를 강화할 수 있다.

반려견을 위한 간식과 장난감을 구독 형태로 제공하는 미국의 '바크박스(BarkBox)'는 같은 관심사를 가진 사람들이 서로 정보교환을 할 수 있는 플랫폼 역할을 한다. 매달 25달러의 구독료를 내면 반려견 관련 용품을 받아볼 수 있으며, 반려견과 함께한 경험을 공유할 수도 있다.

독일의 건강식 업체 '헬로프레시(HelloFresh)'는 AI를 활용해 세계 150만 명의 고객에게 한 달에 1,000만 개 이상의 밀키트를 제공한다. 회사는 각 구독자가 좋아하는 재료와 피드백을 분석해 다음 밀키트에 반영한다. 회사는 창업 초기 2012년에는 고객 요청사항을 직원이 직접 반영했으나, 가입자가 증가함에 따라 정확한 분석과 예측을 위해 AI를 활용하고 있다.

경쟁이 치열한 가운데 소비재 브랜드는 전통적인 유통채널을 바탕으로 영업을 확장했다. 그러나 이제는 AI 추천 플랫폼이 유통채널의 역할을 차지하게 되면서 소비재 브랜드들은 AI에 의존하는 방식으로 바뀌게 된다. AI에 선택되지 않으면 소비자를 만날 가능성 자체가 사라질 수 있다. 기업들은 디지털 기술을 통해 AI 추천 플랫폼상에서의 입지강화 전략, D2C 전략 등 다양한 방식으로 해법을 모색해야 한다.

옴니채널을 넘어 디지털 채널이 주력이 되는 유통산업

02

디지털 채널의
파괴적 성장

_____ 디지털 채널 등장 초기, 유통업계는 디지털 채널을 기존 유통채널을 보완하기 위한 부수적 수단으로 여겼으나, 소비자들이 오프라인 채널보다 디지털 채널을 선호하면서 오히려 기존 오프라인 채널은 제품을 전시하고 소비자에게 경험을 제공하는 '보완채널'로 전락하고 있다.

시장조사업체인 이마케터에 따르면, 미국의 디지털 채널은 2010년 이후 연평균 15% 수준으로 성장한 반면 오프라인 채널은 4% 미만의 성장률을 보이고 있다. 또한 메이저 온라인 유통사들의 시장

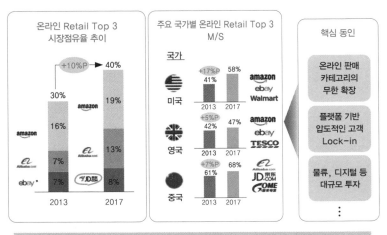

글로벌 주요 온라인 Retail 시장의 Market Consolidation

온라인 Retail Top 3
시장점유율 추이

주요 국가별 온라인 Retail Top 3
M/S

핵심 동인

온라인 판매
카테고리의
무한 확장

플랫폼 기반
압도적인 고객
Lock-in

물류, 디지털 등
대규모 투자

Top-Tier 업체의 디지털 활용 서비스, 사업다각화에 대한 대규모 투자 등으로 승자독식 시대 도래

점유율도 크게 상승하고 있다. 이 배경에는 상위 사업자들의 막대한 투자를 통한 유통사 합병이 있다. 주요 디지털 채널들은 압도적인 상품 카테고리, 충성도 높은 고객, 물류와 배송 경쟁력 등 세 가지 핵심 성공요인(Key Success Factor, KSF)을 중심으로 오프라인 채널을 대체하는 단일 채널로 발전 중이다.

오프라인 채널을 압도하는 상품 카테고리

아마존, 알리바바 등 글로벌 온라인 유통사들은 물리적 공간 제약이 있는 오프라인 유통사 대비 압도적으로 많은 상품을 보유하고 있다. 온라인 채널을 대표하는 아마존은 4억 종 제품을 취급하는 반면, 오프라인 채널을 대표하는 월마트는 6,000만 종을 제공한다. 여기에 오프라인 유통사의 전유물이었던 신선식품 영역까지 진출한 아마존은 2017년 유기농 식료품 업체 '홀푸드(Whole Foods)'를 인수하면서 온라인 신선식품까지 영역을 확장하고 있다.

충성도 높은 고객

온라인 유통사들은 다양한 기회를 핵심 고객에게 제공해 충성도가 높은 다수의 고객들을 확보하고 있다. 예를 들어, 아마존은 유료 구독서비스(연 119달러) '아마존 프라임(Amazon Prime)' 회원이 전체 회원 3억 명 중 1억 명에 달한다. 아마존은 연회비를 내는 아마존 프라임 회원을 대상으로 온오프라인 채널을 아우르는 할인 등의 특별한 서비스를 제공해 고객 충성도를 높이는 데 활용하고 있다.

아마존 프라임 가입자에게 제공되는 홀푸드 매장 혜택

- 홀푸드 마켓 수백 개 상품에 대한 10% 할인, weekly deals과 함께 20%까지 할인 가능
- 35달러 이상 구매시, 2시간 이내 배송 서비스 무료 제공
- 미리 지정한 홀푸드 매장에서 픽업 서비스 제공
- 프라임 나우 카트와 weekly deals의 알렉사 추가 가능
- 프라임 멤버십 가입시 5% 리워드, 비가입시 3% 리워드
- Amazon.com 온라인 구매한 상품의 홀푸드 매장 내 아마존 라커 이용을 통한 픽업과 반품 가능

물류/배송 경쟁력

　온라인 유통사들은 고객의 물건을 최대한 빠르게 배송하고 재고 비용을 낮추기 위해 예측배송 및 로봇물류센터 등 첨단기술을 도입하고 있다. 결과적으로 오프라인 채널의 장점인 구매 즉시 물품을 수령하는 특성까지도 충족해 주고 있다.

　중국 2위 이커머스 업체 '징동(京東)닷컴'은 중국 내 스마트 물류 센터를 확대하며, 전체 공정의 90%를 로봇과 자율주행 배송차량을 활용하여 무인화하고 있다. 또한 소비 행동패턴, 제품정보, 거래데이터를 조합해 온라인 주문 수요를 예측해 가격을 책정하고 재고를 조절하는 데 활용하고 있다.

디지털 채널을 상호 보완하는
오프라인 채널

＿＿＿＿＿ 온라인, 오프라인 유통사들은 서로 영역을 넘나들면서 견제하고 있지만, 힘의 균형이 온라인으로 옮겨가면서 온라인 중심 전략을 활용하는 업체들의 영향력이 확대되고 있다. 특히, 온라인 유통사들은 오프라인 매장을 단순히 제품 판매 공간으로 활용하는 것을 넘어서 쇼룸, 체험공간, 물류센터 등 다양한 기능을 결합해 온라인 채널을 상호보완하는 채널로 활용하고 있다.

　오프라인 채널의 성격이 온라인을 보완하는 역할로 바뀌면서 기업들은 운영전략을 달리하고 있다. 기업들은 디지털 기술로 오프라인 채널에서 소비자에게 강렬한 체험을 제공해 구매로 유도하는 '피크엔드 효과(Peak-End Effect)'를 활용하고 있다. 피크엔드 효과는 소비자가 겪었던 경험 중 가장 '극적인(Peak)' 부분과 '마지막(End)' 부분이 각인되는 행동경제학적 현상을 말한다. 기업은 오프라인에서 소비자의 기억에 남을 만한 차별적인 소비자 경험(User Experience, UX) 제공을 통해 만족도를 높이고 제품 구매를 유도할 수 있다. 하지만 이 과정에서 소비자 경험에 부정적인 영향을 미치면 실제 상품의 경쟁력이 높아도 평가절하 당한다는 단점이 있다.

기업들은 디지털 기술로 '소비자의 구매 의사결정 여정(Consumer Decision Journey)'에서 긍정적인 경험을 제공하는 것이 핵심 요소다. 자동차 업체 볼보는 매장을 찾은 사용자가 VR을 통해 산악 드라이브를 체험할 수 있도록 현실감 있는 가상의 주행 경험을 제공한다. 이 과정에서 소비자들은 시승을 위해 기다려야 하는 시간을 아낄 수 있고, 볼보는 실제 시승보다 우수한 차량의 경험을 알릴 수 있어 소비자의 차량 구매에 긍정적인 영향을 미칠 수 있다.

패션: 보노보스의 오프라인 '가이드 샵(Guide Shop)' 확대

뉴욕에 본사를 둔 남성 의류업체 '보노보스(Bonobos)'는 오프라인 매장을 온라인 채널 지원을 위해 활용한다. 회사의 오프라인 매장인 '가이드샵(Guide Shop)'은 2012년부터 고객 체험과 경험의 접점 역할을 하고 있으며, 현재 100여 개가 운영 중이다. 가이드샵이 기존 오프라인 매장과 다른 점은 오프라인 매장에서는 고객이 직접 자신에 맞는 옷감과 스타일을 고를 수 있는 쇼룸만 제공하며, 판매를 위한 재고창고나 계산대가 없다. 고객들은 온라인에서 선택한 옷을 가이드샵에서 직접 입어보고 구매를 결정한다. 옷이 마음에 들면 등록된 계좌로 결제하고, 주문한 옷은 집으로 배송받는다.

식품: 제품 전시장이자 최종 물류센터인 허마센셩

알리바바는 2018년 신선식품 매장 '허마센셩(盒馬鮮生)'을 런칭한 이후로 매장수를 급격하게 늘리는 중이다. 디지털로 무장된 이 오프라인 매장에서는 고객이 스마트폰으로 제품을 스캔하면 제품의 원산지, 농장, 검사결과 등 각종 정보가 제공되며, 알리바바의 소비분석 알고리즘을 통해 최적의 고객 맞춤형 서비스를 제공한다. 매장 내에서 고객은 구입하기 원하는 물건을 선택만 하면, 물품들은 매장 내 천장에 달린 레일을 타고 물류센터로 이동해 3km 이내 거리까지 30분 내로 집으로 배송된다. 모든 과정은 QR코드와 스마트폰으로 진행되며 소비자들은 무거운 식료품을 들지 않고 오프라인 쇼핑을 할 수 있다.

알리바바는 허마센셩을 최신 디지털 기술이 접목된 제품 전시장, 판매처, 최종 배송을 위한 물류센터 등으로 활용하면서 고객의 온오프라인 경험을 극대화하고 있다.

내구재와 기타: 이케아의 체험형 매장 '플래닝스튜디오'

도시 외곽의 초대형 매장을 중심으로 영업해 온 가구업체 이케아는 향후 2년간 전 세계에 30여 개 도심형 매장인 '이케아플래닝스튜디오(IKEA Planning Studio)'를 만들 계획이다.

플래닝스튜디오는 도시에 거주하며, 차를 소유하지 않고, 집 규모가 작은 것이 특징인 젊은층을 타깃으로 하고 있다. 기존 매장이 도시 외곽에 위치해 접근성이 떨어지는 반면 플래닝스튜디오는 도심에 위치해 쉽게 매장에 방문할 수 있고, 온라인 예약을 통해 매장 내 상담직원과 1대 1 상담 서비스도 가능하며 배송서비스도 받을 수 있다.

앞으로 유통업체들은 경쟁력 확보를 위해 디지털 채널에 적극 투자하는 것과 동시에 고객들이 온오프라인을 넘나들며 소비하는 특성을 고려해야 한다. 특히, 기존 오프라인 채널은 디지털 소비를 보완하는 채널로 재설계해 힘을 집중하는 디지털 올인 전략이 요구된다. 디지털 채널이 단순히 오프라인 채널과 별도로 추가되는 것이 아니라, 디지털 채널을 중심에 두고 오프라인 채널의 역할을 재정립하는 인식과 전략 변화가 필요하다.

매장 경험의 극대화를 위한
Augmented In-Store Experience

소비자들이 디지털 채널을 선호하면서, 기존 오프라인 채널은 제품을 전시하고 경험을 제공하는 '보완 채널'로 전락하고 있다. 이에 기존 오프라인 유통사들의 매장 중심의 채널 전략은 약화되고 있다.

반면, 온라인 유통사들은 온라인과 오프라인 채널을 연계해 다양하게 활용하고 있다. 일부 업체는 오프라인 매장을 테스트 베드로 활용해 신제품에 대한 고객들의 반응을 확인하고 제품을 체험할 수 있는 공간으로 활용하고 있다. 온라인 유통사들은 소비자들에게 더 나은 경험을 제공할 수 있도록 오프라인 매장을 단순히 제품을 판매하기만 하는 공간이 아니라 쇼룸, 체험공간, 물류센터 등 다양한 기능을 결합하여 온라인 채널을 보완하는 역할로 활용해야 한다.

디지털 기반 맞춤형 화장품 매장 세포라

전통적으로 오프라인 매장 역할이 중요한 부문 중 하나는 화장품이다. 소비자들은 화장품 구매 전 자신의 피부타입에 맞는지 경험이 필요하므로 오프라인을 방문하는 비중이 80%에 달하며, 이 중 온라인에서 탐색 후 오프라인에서 구매하는 'ROPO(Research Online, Purchase Offline)' 형태가 약 45%를 차지하고 있다.

'루이비통모에헤네시(LVMH)'의 고급 화장품 편집매장 '세포라(Sephora)'는 초기부터 대도시에 집중해 매장을 늘려왔다. 세포라는 프리미엄 브랜드를 적극 유치하고, 2만여 종에 달하는 제품으로 고객을 끌어들였다. 이 중 25%는 신제품으로 채워 고객이 반드시 세포라에서 신제품을 찾을 수 있는 오프라인 플랫폼으로 자리매김했다. 이후 세포라는 현재 '디지털 기반 맞춤형 매장'으로 탈바꿈했다. 소비자들의 매장 경험을 높이기 위해 AI와 AR 기술을 도입하는 한

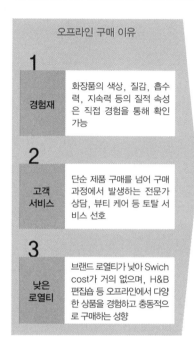

오프라인 구매 이유

1
경험재
화장품의 색상, 질감, 흡수력, 지속력 등의 질적 속성은 직접 경험을 통해 확인 가능

2
고객 서비스
단순 제품 구매를 넘어 구매 과정에서 발생하는 전문가 상담, 뷰티 케어 등 토탈 서비스 선호

3
낮은 로열티
브랜드 로열티가 낮아 Swich cost가 거의 없으며, H&B 편집숍 등 오프라인에서 다양한 상품을 경험하고 충동적으로 구매하는 성향

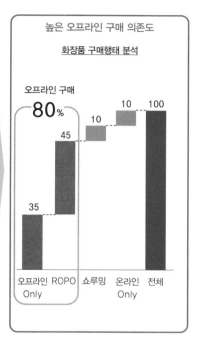

높은 오프라인 구매 의존도

화장품 구매행태 분석

오프라인 구매

80%

35 45 10 10 100

오프라인 Only   ROPO   쇼루밍   온라인 Only   전체

편, 불필요한 탐색, 체험, 비교과정을 없애 소비자에게 맞는 제품을 추천하는 서비스를 제공중이다.

세포라는 색조 제품의 큐레이션을 위한 '컬러IQ(Color IQ)'라는 서비스를 매장에 도입했다. 매장에 비치된 디지털 디바이스를 통해 고객의 피부색, 피부톤을 측정하여, 해당 고객의 피부 특성에 가장 잘 맞는 제품을 선별하여 추천해 준다. 고객 입장에서는 수백 개나

되는 색조제품을 피부에 발라 미세한 차이를 직접 눈으로 확인하는 번거로움을 해결할 수 있다. 또한 이 고객의 피부 특성을 데이터로 관리하기 때문에, 새로운 제품이 나올 때마다 자신의 피부에 맞는 제품을 업데이트하여 큐레이션받을 수 있다.

디지털 매장으로 거듭나는 나이키

나이키는 적극적으로 디지털 기술에 투자해 스포츠 서비스 업체로 거듭나고 있다. 회사는 오프라인 매장 중심 판매전략을 온라인 채널과 오프라인 채널을 유기적으로 연결해 고객과의 접점을 확대하는 D2C 전략으로 전환했다.

이를 위해 나이키는 D2C 전담조직인 '나이키다이렉트(Nike Direct)'를 신설하고 AI 데이터 분석업체 '셀렉트(Celect)', 고객 데이터 분석업체 조디악(Zodiac) 등 다양한 IT업체를 인수하며 디지털 전략을 고도화하고 있다.

나이키의 디지털 전략의 핵심은 누적된 고객정보에서 시작한다. 회사는 2019년 현재 전 세계 1억 7,000만 명에 달하는 방대한 유저 베이스를 가지고 있다. '나이키플러스(Nike+)' 피트니스 앱을 활용해 고객맞춤 제품 및 서비스를 제공하는 등 멤버십 프로그램을 꾸준히 강화해 왔다. 2018년에는 이러한 고객정보를 기반으로 소비자에게 적합한 제품과 서비스를 제공하는 새로운 형태의 매장 '나이키라이브(Nike Live)'를 출범했다. 나이키라이브 매장은 홈페이지, 앱에서 취합한 고객정보를 분석해 지역별 인기상품을 고객들에게 알려준다. 매장 내에서 전문가들의 제품 추천 및 스타일링 상담을 받아 신발 끈 색상부터 소재, 패턴 등의 스타일을 정하고 현장 제작도 가능하다.

나이키플러스 회원은 '나이키닷컴(Nike.com)' 사용자보다 3배나 더 많이 물품을 구입하고, 나이키라이브를 방문한 고객의 나이키 플러스 회원 전환율은 다른 일반 점포보다 6배나 더 높은 것으로 나타났다.

이제는 Last Mile Delivery가 아닌 Last Foot Delivery

_____ 디지털 채널 확산에 맞춰 유통사들의 배송 경쟁은 당일 또는 익일 배송을 넘어 2시간 배송, 30분 배송까지 빨라지고 있다.

미국의 산업 솔루션업체 '지브라테크놀로지스(Zebra Technologies)'에 따르면, 물류기업의 67%가 2023년까지 당일 배송 서비스를 제공하며, 55%는 2028년까지 2시간 내 배송을 실현할 것으로 전망된다.

실제로 아마존, 알리바바 등 온라인 사업자뿐만 아니라 월마트 등 오프라인 유통사들도 익일 배송을 넘어 당일 배송, 즉시 배송 서비스를 제공하고 있다.

아마존은 그동안 아마존 프라임 고객들에게 48시간 이내 무료로 배송하는 익일 배송을 시행했으나, 2015년부터 당일 배송을, 2017

년 홀푸드 인수 후 식료품의 경우 2시간 안에 배송하는 '프라임나우 (Prime Now)' 서비스를 제공하고 있다.

월마트도 아마존에 대항하기 위해 2019년부터 기존 온라인 주문을 매장에서 당일 수령하는 서비스를 제공하고 있으며, 멤버십 없는 고객에게까지도 무료 당일 배송을 원칙으로 운영하고 있다.

중국 징동닷컴은 당일 배송과 별도로 추가요금 지불시 2시간 배송을 하는 물류 환경을 구현했고, 알리바바는 식료품 전문점 허마셴성을 통해 주문 후 30분 내 수령할 수 있는 즉시 배송 서비스를 제공하고 있다.

우리나라에서 당일 또는 익일 배송은 마켓컬리, 쿠팡 등 스타트업들 중심의 차별화 서비스였지만, 이제는 오프라인 유통업체와 소셜커머스 등에 보편화됐다. 롯데 등 일부 오프라인 유통사는 지역에 따라 30분 내 배송 서비스도 운영하고 있다.

집안 냉장고에 직접 넣어주는 배달 서비스

문앞 배송에서 한걸음 나아가 집안에 배송을 해 주는 서비스도 나왔다. 아마존은 보안 카메라 시스템과 스마트 잠금장치를 이용한 배송 시스템 '아마존키(Amazon Key)'를 시행하고 있다. 이 서비스는 택배원이 고객의 집 앞에서 물건 바코드를 스캔하면 아마존 클라우드에 연결되고 고객에게 문 개방을 요청하는 형태로 진행된다. 고객이 승인하면 스마트 잠금장치가 문을 열어주고 택배원은 집 안에 물건을 두고 문을 잠그고 나간다. 이 과정에서 고객은 배달 상황을 알림으로 수신할 수 있고, 녹화된 비디오를 통해 배달과정을 확인할 수 있다.

월마트도 고객이 집에 없을 때 소매업자가 직접 물건을 고객의 냉장고나 냉동실로 배달할 수 있는 식료품 배달 서비스를 시작했다. 고객은 월마트 배송기사의 몸에 장착된 카메라를 통해 행동을 실시간으로 확인할 수 있다. 월마트는 해당 서비스 신뢰성을 높이기 위해 근무 경력이 1년 넘거나 특별 교육을 받은 직원에게만 배송을 맡기고 있다.

데이터 기반
소비자 맞춤 음식이
화두인 식품산업

맞춤형 건강 솔루션으로
진화하는 식품

_____ 식품산업에서 소비자들의 초개인화 요구가 높아지면서 구매방식이 바뀌고 있다. 기존 매장에서 획일적인 식품을 구입하는 형태에서, 개인 건강상태나 취향에 맞는 식품을 추천받는 '개인화된 식품'으로 발전하고 있다.

지금까지 식품 구매는 매장을 중심으로 일어나기 때문에 식품기업들은 종류를 다양화하거나 새로운 제품을 개발하는 방식으로 '매대점유율'을 높이기 위해 대응해 왔다. 하지만 온라인 플랫폼을 기반으로 한 식품기업들이 등장하고 구독모델이 발전하면서 소비자

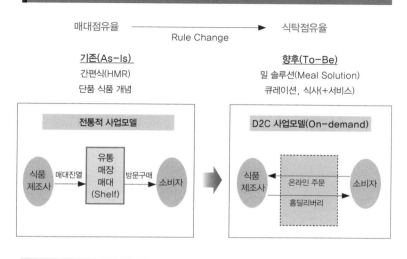

식품산업의 패러다임 변화

매대점유율 ————→ Rule Change ————→ 식탁점유율

기존(As-Is)
간편식(HMR)
단품 식품 개념

향후(To-Be)
밀 솔루션(Meal Solution)
큐레이션, 식사(+서비스)

전통적 사업모델

식품
제조사 →매대진열→ 유통
매장
매대
(Shelf) →방문구매→ 소비자

D2C 사업모델(On-demand)

식품
제조사 ←온라인 주문←
→홈딜리버리→ 소비자

들은 맞춤형 큐레이션이 적용된 식료품을 제공받을 수 있게 됐다. 이제 유통채널에서 얼마나 우리 제품을 많이 진열해 놓느냐의 매대 점유율은 의미가 없다. 대신 고객이 얼마나 우리 제품을 소비하느냐의 '식탁점유율'이 중요해졌다.

식품기업들은 디지털 기술을 활용해 맞춤형 서비스를 넘어 소비 자들의 영양과 유전적 요구까지 고려한 식품과 식단을 제공할 수 있 게 됐다. 식품산업의 경쟁력이 고객에게 얼마나 최적화된 맞춤형 제 품을 제공할 수 있는지의 역량에 달리게 된 것이다.

'네슬레(Nestle)'는 디지털 기술을 활용해 전통적인 영업방식에서 탈피하고 있다. 회사는 2017년 식물성 단백질을 사용하는 건강식

업체 '스윗어스푸드(Sweet Earth Foods)'와 2018년 캐나다의 비타민 업체 '아트리움이노베이션(Atrium Innovations)'을 차례로 인수했다. 고객의 건강상태에 맞는 식습관 큐레이션 서비스 '미-헬스(Me-Health)'를 통해 고객이 보내온 음식 사진, 설정한 목표치 등을 가지고 실시간 영양가 정보제공, 영양섭취 조언, 식습관과 영양소 보충제품 추천 등의 서비스를 제공한다.

식품 안전을 위한
밸류체인 혁신

_____ 글로벌화로 국가 간 식품 거래는 증가했지만 관련된 문제도 함께 발생하고 있다. 소비자들은 대량 생산된 식품에 대해 회의적으로 생각하고 있으며 식품의 생산, 유통과정에서 발생할 수 있는 잠재적인 안전문제에 대해서도 우려하고 있다. 이에 따라 식품산업에서 식품의 배송과정을 투명하게 관리하는 것이 매우 중요해졌다.

월마트에 따르면, 세계 식품 추적 시장(Global Food Traceability Market)은 2014년부터 2019년까지 연평균 9.5% 성장했다. 특히, 식품 안전 이슈가 높은 중국의 경우 연평균 18.9% 성장하고 있다. 식품의 유통과정을 투명화하기 위해 일부 국가에서는 정부차원에서 식품 이력 관리에 블록체인, RFID 등 디지털 기술을 활용하고 있다.

호주는 디지털 추적 관련 기술을 미래 농식품산업 성장을 위한 핵심 지원 기술로 선정해 지원하고 있다. RFID나 바코드, QR코드, 블록체인을 식품이력 추적에 활용할 경우 지원을 받을 수 있다.

월마트는 미국질병통제예방센터(Centers for Disease Control and Prevention, CDC)와 협력해 식품에 의한 질환 발생을 추적하고 관리할 수 있는 시스템을 개발해 중국에서 수입하는 돼지고기와 멕시코 망고 등 일부 품목에 적용하고 있다. 이 시스템을 활용하여 원산지 추적에 소요됐던 시간을 기존 6일에서 2.2초로 줄였다. 월마트는 다른 식품 부문에도 안전성을 담보하기 위해 2018년부터 미국 내 식품 공급사에게 블록체인 기반 식품이력 추적시스템 도입을 요구하고 있다.

프랑스계 할인 유통매장인 까르푸도 2018년 블록체인 기반 식품 이력 추적시스템 도입 계획을 발표했으며, 향후 33개국 1만 2,000개 지점에 관련 기술을 구축할 계획이다.

우리나라도 2018년부터 정부가 소, 돼지와 관련된 유통정보를 단계별로 신고하는 축산물 이력제에 블록체인과 IoT를 시범적용하고 있다.

초개인화 스타일링을 제공하는 패션 & 뷰티산업

패스트패션에서 스타일 렌털 비즈니스로 진화

_____ 지난 몇 년간 패션 부문을 이끌어온 것은 디자인에서 생산, 유통, 판매까지 운영하는 자라, H&M 등 SPA(Specialty Store Retailer of Private Label Apparel) 브랜드의 패스트패션이었다. 하지만 공유경제의 확산으로 매장 중심의 패스트패션 비즈니스 모델은 플랫폼 중심의 공유, 렌털 모델로 재편되고 있다.

패스트패션은 최신 유행을 반영해 저가의 의류를 대량 생산한 뒤 신속하게 출시하고, 시장 반응에 따라 빠르게 제품을 교체하는 것이 핵심 사업모델이다. 빠른 제품 회전율, 저렴한 가격이라는 장점을 가지고 있지만, 가격을 맞추기 위해 저렴한 원단을 사용해 옷의 품질이 떨어지고, 유행이 너무 짧아 과도한 의류 폐기물을 만드는 부정적인 이미지도 함께 커졌다.

미국의 패스트패션 브랜드 '포에버21(Forever 21)'은 과거 57개국에서 800여 개 매장을 운영했지만 변화하는 환경에 적응하지 못하고 2019년 파산을 신청했다. 스웨덴 패스트패션 브랜드 H&M은 1999년부터 2017년까지 신규 개점률이 12%였지만, 현재 4%대로 축소됐다. 이 회사는 2016년 이후 3년 연속 이익이 감소했다.

포에버21과 H&M의 영향력이 낮아진 것은 급변하는 의류 시장 환경과 소비자들의 쇼핑 형태 변화에 대처하지 못했기 때문이다. 경쟁업체들이 온라인을 중심으로 성장하는 사이 오프라인 매장 확충에 힘쓰고, 온라인 투자에 소홀했다. H&M은 세계 62개국에 4,700여 개 매장을 운영하고 있지만 온라인 매출 비중은 5% 수준에 불과한 것으로 알려졌다.

반면 공유경제는 고객들의 사용 패턴과 피드백을 실시간으로 취합해 인구통계학적 분석과 개별 소비자까지 분석해 제품에 반영한다. 원할 때만, 언제든지, 맞춤형 제품을 받을 수 있는 패션 서비스를 경험한 소비자들은 자연스럽게 공유경제에 대한 긍정적인 이미지를 갖게 된다.

패션 부문에서 공유경제가 확산되고 있는 것은 디지털 기술을 활용한 플랫폼을 통해 유휴 상품의 공유, 간편한 대여가 가능한 소비 환경이 마련됐기 때문이다. 특히, 기업들은 소비자들의 다양한 구매행태가 데이터로 누적됨에 따라 개인화 큐레이션이 가능해져 효율적으로 서비스를 운영할 수 있게 됐다.

맞춤형 큐레이션 역량이 성공의 핵심 요소

패션산업은 맞춤형 큐레이션을 제공할 수 있는지 여부에 따라 서비스 형태도 달라진다. 단순 렌털 형태 서비스를 제공하는 업체들은 파티드레스 등 특정 부문에 제한된 추천 서비스를 제공하며, 고객 정보를 AI로 분석하는 업체들은 큐레이션을 적극 활용해 다양한 부문까지 추천이 가능하다.

AI를 활용하는 미국의 의류 렌털 기업 '렌트더런웨이(Rent The Runway)'는 취급하는 브랜드만 500여 개, 렌털 의류는 수만 벌에 달한다. 회사는 회원가입 시 입력한 고객 신체 정보를 기반으로 가장 적합한 의류를 추천하고, 특정 의류에 어울리는 화장품이나 스타킹, 속옷 등도 판매하고 있다. 소비자가 옷을 고르기 쉽도록 '직장인, 휴가, 하객', '낮 데이트', '밤 데이트' 등 구체적인 TPO(시간, 장소, 상황)에 따른 추천 서비스도 제공하고 있다. 2009년 창업한 렌트더런웨이는 창업 5년 만에 누적 매출 3억 달러를 달성했으며, 2016년에는 연 매출 1억 달러(약 1,150억 원)를 돌파했다. 600만 명의 회원수를 확보한 렌트더런웨이의 기업가치는 10억 달러(약 1.2조 원) 이상으로 평가받고 있다.

규모의 경제를 달성한 렌트더런웨이 같은 구독모델은 선순환 구조를 만들어 소비자와 기업 모두에게 긍정적인 영향을 미친다. 이용

기간이 늘어날수록 큐레이션은 고도화되기 때문에 소비자의 충성도는 더욱 높아진다. 또한 이러한 선순환 구조는 더 많은 제조사의 더 많은 제품을 구독모델의 큐레이션 풀(pool)에 포함시킬 수 있다는 것을 의미한다. 더 많은 상품 이력은 더욱 정교한 큐레이션을 가능하도록 해준다.

이처럼 의류산업에 공유, 렌털 플랫폼의 성장은 온라인뿐 아니라 오프라인 매장까지 막강한 영향력을 확대하면서 패션시장 판도를 바꾸고 있다. 특히, 렌트더런웨이 같은 기업들은 기존 매장 중심 업체들이 만들어 놓은 시장을 완전히 바꾸며 창조적인 파괴자로서 역할을 하고 있다.

새로운 차별화 서비스로 부상하는
초개인화 뷰티 솔루션

_____ 소비자들은 피부에 맞는 맞춤형 진단과 개인 맞춤 색조 화장품에 대한 소비 요구가 증가하면서 화장품 구매시 피부 타입 및 적합성을 가장 중요한 구매 결정 요소로 인식하고 있다.

이에 따라 뷰티 부문 선도기업들은 빅데이터와 AI 기술을 활용해 소비자들이 스마트폰으로 간단하게 자신의 피부를 정확하게 진단하고, 이에 맞는 솔루션 서비스를 제공할 수 있도록 서비스를 제공하고 있다.

미국 화장품회사 '뉴르토지나(Neutrogena)'는 고객 피부를 AI로 분석해 맞춤형 마스크팩을 만드는 서비스를 공개했다. 고객이 '스킨 360(Skin 360)' 앱으로 자신의 피부를 촬영하면, AI 분석을 통해 얼굴 형태, 피부 상태를 진단받고 3D 프린터로 맞춤 제작된 마스크팩을 배송받을 수 있다.

벨기에 화장품 회사 '노미지(Nomige)'는 소비자들의 DNA까지 분석해 초개인화된 맞춤형 화장품을 제공한다. 소비자들이 온라인 설문과 DNA 샘플을 보내 자신의 피부 특성에 대한 정보를 제공하면, 노미지는 피부탄력성, 민감도 등 개인피부 고유의 특성을 분석해 화장품 성분을 다르게 제조해 맞춤형 화장품으로 제공한다.

그동안 소비재와 유통산업 기업들은 인구통계학적 기준에 의해 소비자를 분류하고, 그에 맞는 전략을 구사해 왔다. 하지만 AI와 IoT 등의 디지털 기술을 활용해 공유 플랫폼, 렌털 플랫폼 등 온라인 사업을 통해 얻게 된 방대한 양과 수많은 종류의 고객 취향과 요구를 실시간 대응하는 업체들이 등장하면서 이 시장은 재편되고 있다. 소비자들의 경제활동도 구매를 통한 소유에서, 필요할 때 자신에게 맞는 제품과 서비스를 사용하는 방식으로 바뀌고 있다. 이런 변화에 맞춰 소비재와 유통산업 기업들은 고정관념을 버리고 새로운 디지털 기술을 적극적으로 활용하는 새로운 전략을 도입해야 한다.

초개인화 큐레이션이 도입 단계인 국내 소비재/유통산업 05

지금까지 글로벌 시장에서 나타나고 있는 미래소비자로 인한 산업계의 영향에 대해 살펴보았다. 그렇다면 국내 시장에서는 어떨까? 여기서는 앞에서 기술했던 글로벌의 상황과 비교하여 국내 시장의 상황을 3단계로 구분하여 살펴보겠다.

① Outstanding: 글로벌 대비 유사한 수준으로 기업들의 대응이 심화

② Emerging: 글로벌 대비 기업들의 대응 단계는 낮으나, 점차 해당 트렌드 확산에 따라 기업들의 대응이 심화될 전망

③ Embryonic: 글로벌 대비 아직 초기/태동 단계로서 향후 시장 주시 필요

기술·인프라가 미흡한
AI 추천 플랫폼

Embryonic	Emerging	Outstanding

_____ 미국을 비롯한 선진국은 기존 키보드와 터치 인터페이스 중심의 온라인 채널을 음성으로 인식해 구매를 유도하고 제품을 판매하는 'V커머스(Voice Commerce)'로 전환하고 있지만, 국내의 V커머스 시장은 관련 환경 조성이 부족해 뒤처진 상황이다.

국내 V커머스 시장이 아직 활성화되지 못한 주된 이유는 AI 스피커의 보급률이 낮고, 구매할 수 있는 품목이 제한됐기 때문이다. 우리나라의 AI 스피커 보급률은 9%(2019년 1분기 기준)로 미국의 32% 대비 매우 낮다. 또한 AI 스피커를 통한 구매도 생수나 기저귀 등 일부 생필품과 AI 사업자와 제휴한 소수 업체에 한정돼 있다. 이는 AI 스피커가 식료품부터 여행상품, 전자기기까지 다양한 품목을 판매하는 미국 상황과 비교되는 부분이다.

또한 국내는 아마존이나 구글 같이 V커머스를 주도할 수 있을 정도로 지배력을 가진 사업자가 없으며, 이로 인해 관련 인프라 형성이 늦어졌다. 기술적인 측면에서도 한글의 음성인식률이 다른 언어 대비 낮다는 약점이 있다. 미국에서는 2014년 아마존 에코가 출시된 이후 다양한 가격과 기능의 AI 스피커가 등장하면서 보급이 확산되었으며, 주요 업체들이 협력해 자사 전자상거래와 연계한 V커머스 생태계 구축을 추진했다. 반면, 국내는 V커머스 기반이 되는 전자상거래와 AI 기기 부문에서 지배적 사업자가 등장하지 못했으며, 이동통신사와 전자기기 업체 등이 시장의 중심을 차지하고 있다.

V커머스 확대를 위해서는 AI 스피커의 음성인식률 개선이 필요하다. 현재 우리나라 AI 스피커 음성인식률은 60~70% 수준으로, 영어를 기반으로 한 구글홈(86%)과 중국어를 기반으로 한 알리바바 티몰지니(96%)에 비하면 낮은 수준이다. 한국어 사용 인구가 적어서 인식률을 높이는 데 필요한 음성 데이터 축적량이 적다. 해당 분야의 전문가 확보도 시급한 과제다. V커머스는 해외의 글로벌 기업들이 주도하고 있어 관련 전문 인력을 확보하는 것이 어려운 실정이다.

국내 AI 스피커 시장은 통신사, IT기업, 전자회사들이 경쟁을 벌이고 있으며 최근 유통업체가 V커머스 시장 선점을 위해 노력하고 있다. 국내는 KT '지니', SK텔레콤 '누구', 네이버 '클로바', 카카오 '미니' 등 IT/통신기업 제품들이 초기 시장을 형성했으며, 이어서 삼성전자 '갤럭시홈'과 LG전자 '엑스붐' 등 전자기업 제품들이 이 시장에서 경쟁 중이다. 최근에는 롯데쇼핑에서 '샬롯홈'을 출시하면서 유통업계도 이 경쟁에 참여하게 됐다. 샬롯홈을 통해 롯데백화점과 롯데수퍼, 롯데홈쇼핑, 롯데리아 등 계열사 상품과 서비스를 모두 주문할 수 있게 되면서 그룹 내 시너지가 발생할 것으로 보인다.

전문가들은 향후 언어와 관련된 기술장벽은 시장성만 확실하면 단시간 내 극복이 가능한 부분으로 평가하며 V커머스 시장의 잠재력을 높게 보고 있다.

오프라인의 디지털화에
소극적인 유통산업

| Embryonic | Emerging | Outstanding |

_____ 해외 유통업체들이 적극적으로 디지털화를 추진하는 가운데 국내 유통산업의 디지털화는 선진국 대비 제한적으로 진행되고 있다.

아마존은 2016년 최초의 무인 매장 '아마존고(Amazon Go)'를 공개했다. 오픈 당시 아마존 직원들을 대상으로 했지만, 별도의 결제과정이 필요 없는 세계 최초의 '저스트워크아웃(Just Walk Out)' 방식의 무인상점으로 주목받았다. 고객은 구매할 상품을 고른 뒤 계산과정 없이 그대로 매장을 나가면 센서가 제품을 인식해 자동으로 결제가 진행된다. 우리나라에서는 세븐일레븐이 2017년 셀프계산대 방식의 무인편의점 '시그니처'를 오픈했다. 하지만 세븐일레븐의 무인편의점은 결제과정이 자동으로 진행되는 것이 아니라 고객이 물건을 고른 뒤 셀프계산대에서 직접 바코드를 인식해 계산하는 방식을 도입했다. 이는 결제가 자동으로 이뤄지는 아마존고에 비해 편의성이 낮고, 도난 문제가 발생할 수 있는 문제를 안고 있다. 이마트24가 2019년 하반기에 아마존고를 벤치마킹한 자동결제 매장의 시범운영을 시작하면서 편의성이 증대된 무인편의점을 우리나라에서도 사용할 수 있게 되었다.

패션 부문에서도 버버리, 자라, 나이키 등 해외 브랜드는 디지털 기술을 적극적으로 활용하며 오프라인 매장의 경험을 극대화하기 위해 노력하고 있지만, 국내 패션업체들은 소극적인 모습이다. AR,

AI 등 디지털 기술을 오프라인 매장에 도입할 필요성은 인식하면서도 비용, 품질 등의 문제로 적용하는 데 어려움을 겪고 있다. 국내 패션브랜드 LF는 2018년 가상으로 옷을 입어볼 수 있는 'LF 마이핏' 서비스를 선보였으나 6개월 만에 종료했다. LF는 AR 기술의 정확도가 기대한 수준만큼의 고품질 서비스를 구현할 만큼 충분히 높지 않았기 때문에 서비스를 접어야 했다.

국내 유통산업의 디지털화 추진이 더딘 주요 원인은 유통업체들의 기술개발 투자가 물류 인프라 최적화에 집중되고 있기 때문이다. 배송 이외에 고객 쇼핑 경험을 높일 수 있는 부문의 기술개발과 투자 여력이 부족할 수밖에 없는 이유다.

신세계는 신선식품 배송을 온라인 핵심 경쟁력으로 보고 물류센터 확보와 제품 입고부터 배송까지 프로세스를 자동화하는 데 집중하고 있다. 롯데도 2개의 물류 자회사를 통합하고 물류서비스 최적화를 위해 3,000억 원 규모의 메가 허브를 구축하고 있고, 쿠팡도 아마존을 벤치마킹해 '풀필먼트 물류센터(Fulfillment Center)'를 설립하고, 판매 상품 적재부터 재고관리, 포장, 출하, 배송까지 전 과정을 처리할 수 있는 시스템을 도입했다. 이처럼 국내 유통업체들의 경쟁이 배송에 집중되면서 투자가 물류 인프라 최적화에 쏠리고 있다. 그러나 앞으로 유통 부문에서 경쟁력을 확보하기 위해서는 고객 경험 강화에 대한 투자로 전환할 필요가 있다.

일부 국내 유통업체는 오프라인 매장에서 고객 경험을 높일 수 있는 디지털 기술을 도입하고 있으나 아직은 시범운영 수준이다.

BBQ가 운영하는 미래형 매장은 로봇이 치킨을 고객 테이블까지 전달하는 푸드봇을 활용 중이며, 빕스는 쌀국수와 마라탕 등 일부 음식을 조리하는 셰프봇을 도입했다. 뷰티 부문에서는 화장품 업체들이 오프라인 매장에 고객의 피부를 분석하는 디지털 기기를 도입하고 있다. 올리브영과 이니스프리는 오프라인 매장에 피부 진단 기기를 설치하고 고객의 피부를 분석한 뒤 결과에 맞는 화장품을 추천해 주는 체험형 서비스를 제공하고 있다.

패션 렌털 사업의
불투명한 미래

Embryonic	Emerging	Outstanding

_____ 패션 부문도 미국과 우리나라의 상황은 다르게 나타나고 있다. 미국의 패션 렌털시장은 2015년 이후 매년 약 9%씩 성장하는 반면 국내는 고전을 면치 못하고 있다.

전 세계적으로 패션 렌털시장이 확산하는 것에 맞춰 국내 스타트업과 대기업이 시장 선점을 위해 공격적으로 투자했지만 대부분 사업을 철수하거나 규모를 줄였다.

국내 패션 렌털 부문은 2015년 '원투웨어'가 최초로 서비스를 시작한 뒤 2016년 SK플래닛이 '프로젝트앤'을, 그리고 스타트업 '윙클로젯'이 서비스를 시작했다. 그러나 이들 업체를 비롯해 패션 렌털 부문에 뛰어든 업체들은 창업 1년여 만에 사업을 접었다.

국내의 패션 렌털 사업이 성장하지 못한 것은 주 구매계층의 렌털 서비스에 대한 인식이 부족하고, 기업의 사업 운영에 대한 이해도가 낮았기 때문이다. 특히 국내는 패션 렌털 사업의 주요 소비계층인 20대와 30대의 렌털 선호도가 낮다. 시장조사업체 엠브레인의 설문조사에 따르면, 20대는 가성비를 추구하며 저렴한 SPA 브랜드를 사는 것을 선호하고, 30~40대 경우 패션 렌털보다 구매를 선호하는 것으로 나타났다. 결국 국내 패션 렌털 업체들은 20대에게 SPA 브랜드보다 경쟁력 있는 가격을 제공하지 못했고, 30대와 40대에게는 구매 이상의 가치를 주지 못했다. 특히 디지털 기술을 활용해 개인의 성향에 맞는 상품을 제안해 지속적인 높은 만족도를 제공해야 하는 패션 렌털 사업의 특성을 파악하지 못하고 유행에 맞는 옷을 대여하는 단편적인 사업 전략을 추구한 것이 실패 요인이다.

패션 렌털 사업은 트렌드 분석, 브랜드 소싱, 수요분석, 재고관리, 적정가격 결정 등 전문가의 역량과 운영전략이 중요하지만, 국내의 패션 렌털 기업들은 이러한 전문성을 갖추지 않은 상태에서 사업을 추진했다. 또한 유행에 대한 민감도가 상대적으로 강한 우리나라의 경우, 특정 아이템에 대한 수요가 동 기간대에 몰릴 가능성이 크다. 수요가 특정 제품에 몰려 실제 원하는 때에 제품을 렌털하지 못한 소비자들은 이탈로 이어진 것이다.

패션 렌털 사업은 초기 제품 구매비용이 높고 재고관리의 부담이 큰 '고비용, 저수익' 사업이다. 운영비용을 최적화하기 위해 사업모델 구축이 중요하지만, 전문 인력의 부재로 해당 문제를 해결하지 못했다.

이 때문에 국내의 패션 렌털 산업은 단기적으로 고가의 럭셔리 상품 위주와 이벤트복 위주로 성장이 전망된다. 사용자는 평소 구매하기 부담스러운 럭셔리 제품을 대여하는 것이 일상 제품을 대여하는 것보다 더 높은 가치와 경험을 할 수 있다. 대표적인 럭셔리 패션 렌털 서비스는 롯데가 2017년부터 운영하는 '살롱 드 샬롯(Salon De Charlotte)'이다. 백화점에서 판매하는 고급 정장과 드레스, 가방 등을 대여하는 서비스를 제공한다.

국내 패션업계는 렌털 서비스가 장기적으로 성장할 것으로 전망하고 있다. 패션 렌털 사업 초기와 달리 공유경제에 대한 인식이 구축됐고, 소비자들이 갈수록 합리적인 소비를 추구하고 있기 때문이다. 또한 소유보다는 공유를 추구하는 밀레니얼과 Z세대들의 특성이 패션 분야까지 미칠 것으로 예상된다.

실제 SK가 추진한 '프로젝트앤'은 초기에 선풍적인 인기를 끌며 패션 렌털 비즈니스의 미래 성장 가능성을 보여준 바 있다. 하지만 국내 패션 렌털 부문이 성장하기 위해서는 소비자가 원하는 다양한 아이템을 적시에 받을 수 있어야 하고, SPA 브랜드와 경쟁할 수 있는 합리적 가격 책정이 우선돼야 한다. 여기에 지속 가능성과 친환경에 관한 관심이 커지는 것도 패션 렌털 부문 성장을 자극하는 동인이다. 패스트패션은 반복적인 대량 생산을 통해 환경오염의 주범으로 지목되고 있다. 이로 인해 소비자들의 패스트패션 소비를 지양하는 움직임도 커지고 있어, 향후에는 소비자들이 렌털 서비스로 빠르게 이동할 수 있다.

빠르게 성장하는 해외 패션 렌털 산업과 달리 국내는 성장이 정체돼 있지만, 성장을 위한 기반은 마련됐다. 소비자 요구를 제대로 파악하고 가격 경쟁력을 확보할 수 있는 시스템을 디지털 기반으로 구축한다면 패션 렌털 산업의 가능성은 열려있다.

금융 생태계 변화에
따른 무한 경쟁시대

　디지털이 주도하는 변화는 금융산업 전반의 근간을 흔들고 있다. 금융업은 전통적으로 다른 산업에 비해 경직되어 있고 복잡성이 높아 혁신의 수용도가 낮은 산업이다. 금융업은 다른 산업과 유기적으로 연결되어 있고 실물경제에 미치는 파급효과가 크기 때문에 각 국가는 금융업 안정성을 유지하기 위해 보수적이고 엄격한 규제를 적용하고 있다.

　이 같은 특성은 외부 변화의 영향을 최소한으로 줄인다는 장점이 있으나, 새로운 동인이 발생해도 금융업 자체적으로 제도화하기까지는 시간이 오래 걸린다는 단점이 있다. 또한 복잡한 금융 기법에 따라 상품과 서비스가 만들어지고, 규제와 제도가 까다로우므로 금융업 이외의 영역에서 진입이 어려웠다.

　하지만 기술의 발전으로 파괴적 혁신이 가능한 디지털 환경이 갖춰짐에 따라 금융업의 기능과 특징이 크게 바뀌고 있다.

　빅데이터 분석으로 이전에는 불가능했던 소비자들의 소비 실적과 행동 패턴을 적용한 금융상품 개발이 가능해졌으며, 이에 따라 다양한 대출, 카드 상품 등이 등장하고 있다. AI 기술이 적용된 로보어드바이저, 챗봇 등은 기존 금융 전문인력이 담당했던 자문과 상담 업무를 대체하고 있으며, 이외에도 신용평가, 부정거래 적발, 업무 자동화 등에도 AI가 적용되고 있다.

특히 블록체인은 조작이 사실상 불가능한 분산원장 기술이 적용되어 금융거래에 필요한 신뢰성을 담보한다. 이로 인해, 새로운 거래 수단인 암호화폐, 금융기관을 거치지 않고 이루어지는 P2P 결제, 자동 보험금 지급을 가능하게 해 주는 '스마트 계약' 등 다양한 분야에 활용되고 있다.

금융업이 빠르게 변화하는 이유 중 하나는 인구구조의 변화로 인해 새로운 디지털 금융서비스를 요구하는 소비자들이 주 소비 계층으로 부상했기 때문이다. 디지털에 친숙한 밀레니얼과 Z세대는 오프라인 영업점이나 콜센터가 아닌 디지털 환경에서 거래가 이루어지는 금융서비스를 더 선호하고 적극적으로 사용하고 있다. 여기에 1인가구의 증가, 출산율 저하 등 인구구조 변화는 개인주의 경향이 심화되는 형태로 나타나고 있다. 더 나아가 소비자가 대면 서비스보다 사람을 상대할 필요가 없는 '언택트(Untact)' 선호 현상까지 겹쳐 디지털 채널로의 급격한 전환이 이뤄지고 있다.

이런 변화 속에서 소비자는 자신의 데이터를 한곳에 모으고 이를 활용해 간편하면서도 최적의 의사결정을 내릴 수 있는 새로운 금융서비스를 원하고 있다. 과거 금융 관련 데이터는 해당 기관별로 엄격히 분리돼 관리됐다. 하지만 전 세계적으로 데이터에 관한 소비자의 권리를 강조하는 마이데이터 기조가 확산되고, 디지털로 여러 금융기관에 흩어진 자신의 데이터를 모으기가 쉬워지면서 최적화된 자산관리 서비스와 금융상품 추천 서비스를 받고 싶어 하는 수요가 증가하고 있다. 또한 초개인화 큐레이션을 통해 자신에게 꼭 필요한 최소한의 정보를 쉽게 구분해 의사결정을 내릴 수 있는 맞춤 서비스에 대한 요구도 높아지고 있다.

이런 동인에 따라, 경직되어 있던 금융업도 기술적 혁신을 수용하고 소비자의 새로운 요구를 충족시키기 위한 제도적 변화들이 나타나고 있다. 또한 금융업체들은 디지털을 무기로 기존 금융체계를 파고드는 핀테크 업체들의 약진에 위기감을 느끼고 변화를 적극적으로 받아들이고 있다.

제도적인 변화도 금융업의 변화를 가속하고 있다. 전 세계적으로 산업자본과 금융자본의 독립성을 강조하는 금산분리가 완화되는 추세이며, 그 결과 은행의 비금융 자회사를 소유하거나 비금융 회사의 금융기관 지분 확대가 진행되면서 금융업 내외부의 경계가 무너지고 있다.

국내는 핀테크 기업이 금융사업을 추진할 때 기존 금융기관 대비 자격 요건을 낮춰 일부 금융상품이나 서비스만 취급할 수 있도록 허가를 내주는 '스몰라이센스' 제도 도입이 본격적으로 논의되고 있으며, 도입시 다양한 신규 사업자들이 시장에 등장할 전망이다.

그 결과 금융업 내외의 경계가 무너지고 그 안에서 과거 금융업에서 볼 수 없었던 이종산업 간 협력이 활발하게 이루어지는 등 급격한 변화가 발생하고 있다.

핀테크 등 신규 진입자들은 일부 영역을 특화해 기존 금융기관과 협력함으로써 금융업 진입의 어려움을 해결하고 점진적으로 사업을 확대하는 전략으로 접근하고 있다.

이런 변화는 이미 주요 금융 선진국에서 나타난 현상이다. 주요 금융 선진국은 개인정보 관련 법개정으로 금융정보를 원하는 금융사에 제공해 맞춤 서비스를 받을 수 있는 기반을 제공했다.

여기에 규제 완화로 디지털 기술과 고객을 보유한 기업은 인터넷 전문은행 등 금융업에 진출해 기존 금융사와 직접 경쟁을 벌이거나 협력을 통해 새로운 금융서비스를 내놓는 등 이전과는 다른 경쟁구도가 형성되고 있다. 특히 테크핀은 빅데이터, AI, 블록체인 등 디지털 기술로 시장에 진입해 채널과 상품, 서비스 측면에서 기존 금융업계가 구축한 체제를 빠르게 붕괴시키고 있다.

이런 제도적 변화와 새로운 금융산업 구조에 대응하기 위해 기존 금융사들은 디지털이 가져올 파괴적 혁신 역량을 직시해 관련 역량을 확보해야 한다. 새로운 기술과 데이터 확보를 위해 이종업계와 제휴에 과감하게 나서는 등 새로운 디지털 금융 시대에 맞는 적극적인 대응이 필요하다.

오픈뱅킹이 가져온 **금융산업 혁명**

01

마이데이터로 인한
오픈뱅킹 시대 도래

_____ 기업들은 과거 자사에 유입된 고객 데이터를 보유하고 관리하며 유지 비용을 부담한다는 원칙에 따라 고객 데이터를 자사의 자산으로 인식해 제약없이 사용해 왔다. 하지만 개인 데이터에 대한 중요성이 부각되면서 소비자가 자신의 데이터에 대한 소유권을 주장하고, 활용할 수 있는 마이데이터(MyData) 인식이 확산되고 있다. 이로 인해 기업의 고객 데이터 수집과 활용 방식도 바뀌고 있다.

그동안 금융업체는 자사 고객이 상품과 서비스를 거래하는 데이터와 금융기관 간 모든 거래 데이터를(이체 및 여수신 행위) 자사 서버에 저장했고, 해당 데이터를 타 금융기관과 공유하지 않았다. 하지만 마이데이터 기조에 따라 고객의 데이터는 고객의 소유라는 인식이 확산되고 있다. 이 같은 분위기의 확산은 소비자 개인정보소유권 확립은 물론 정부 규제의 완화를 초래해 금융기관 간 데이터 공유를 촉진하는 오픈뱅킹으로 이어졌다. 오픈뱅킹은 금융사들이 고객정보를 표준화된 오픈 API(Application Programming Interface)로 공유하는 것을 말한다. 오픈뱅킹 환경이 만들어지면서 핀테크 기업이나 후발주자들이 빠르게 성장할 수 있는 여건이 만들어진 것이다.

주요 금융 선진국들은 선제적으로 오픈뱅킹을 제도화하여 금융산업 내 혁신을 이끌고 있다. 영국과 유럽 주요 국가를 중심으로 개인의 '개인정보 접근 및 활용'을 지원하거나 보장해 주는 정책을 도입했으며, 이런 변화는 새로운 금융서비스 등장으로 이어지고 있다. 결과적으로 오픈뱅킹의 제도화는 금융산업 전 분야의 가치사슬이 새롭게 만들어지는 효과로 나타나고 있다.

영국은 2011년부터 기업이 관리하는 개인 데이터를 소비자에게 제공하고, 자신이 원하는 기업에 개인 데이터를 제공할 수 있다는 내용의 정책을 추진하고 있다. 이 정책에 따라 건강, 통신, 금융 등의 산업에서 개인정보 공유가 가능해졌으며, 2014년부터 재무부는 금융사들의 표준 API 구축과 데이터 이동 인프라 조성을 권고했다. 2018년부터 오픈뱅킹을 도입한 영국은 2019년 8월 기준 오픈뱅킹 관련 API 이용건수가 1억 1,050만 건에 달했는데, 이는 2018년 8월 기준 420만 건에서 26배 성장한 수치다.

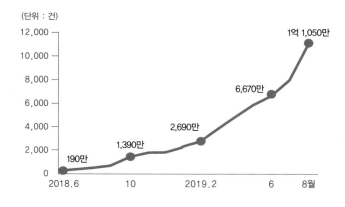

영국 내 오픈뱅킹 API를 통한 호출건수

(단위 : 건)

190만 (2018.6)
1,390만 (10)
2,690만 (2019.2)
6,670만 (6)
1억 1,050만 (8월)

오픈 API를 통해 오픈뱅킹을 도입하는 은행들은 앞으로 늘어날 것으로 보인다. 영국은 2018년 기준 33개 금융사가 오픈 API를 도입하였고, 일본은 2020년까지 80개 이상의 은행에서 오픈 API를 제공할 예정이다.

유럽연합은 2018년부터 개인정보의 활용 및 이동, 오픈뱅킹 관련 규정, 기술 표준화 등에 대한 법적, 제도적 기반을 마련했으며 핀테크 기업들은 이를 통해 다양한 금융상품을 개발하고 있다. 오픈뱅킹은 기존에 은행권 중심으로 집중된 금융 데이터를 핀테크 기업에도 접근할 수 있는 권한을 제공하여 혁신적 금융서비스 창출이 가능한 기반이 된다는 데 의미가 있다.

한편, 미국과 중국은 금융기관에 일방적으로 오픈뱅킹을 의무화

주요 국가별 Open Banking 정책 동향

유럽 (영국 포함)	법제화 완료	• Open Banking이 포함된 'PSD2' 법령 시행 • 월간 1,750만 건 Open API를 발행 (2018. 9월 기준) • FCA에 약 80개의 TPP 업체 등재 (2019. 1월 기준)
호주	법제화 완료	• 4대 은행에 Open Banking 지침 발표 (2018. 5월) • 2019년까지 카드, 예금, 거래계좌 데이터 공개 • 2020년까지 주택담보대출 상품 등 공개
싱가 포르	법제화 추진중	• 2016년 아태 지역 최초 Open Banking 지침 발표 • 통화청(MAS)에서 공통 API 보안 표준, 거버넌스 모델 등 제공
일본	법제화 추진중	• 핀테크 및 TPP에 초점을 맞추어 입안단계 추진중 • 2020년까지 주요 은행 Open API 도입 요청
미국	검토 진행중	• 통화감독청(OCC) 주도로 Fintech 기업에 특수목적 연방은행 자격 부여 및 연준 결제 시스템으로의 접근 허용 검토중

유럽의 Open Banking 정책 사례

PSD2   2018. 1
(EU the revised Payment Service Directive)

• 고객 동의하, 제3자 사업자가 고객의 금융사 계좌 접근 및 이용하는 것을 허용
• 제3자 사업자(AISP, PISP)별 주요 역할
  – AISP[1] : 은행별 계좌정보를 취합하여 모바일 등을 통해 제공
  – PISP[2] : 한 앱에서 모든 은행의 자기계좌에서 결제 · 송금할 수 있는 서비스

GDPR   2018. 5[3]
(EU General Data Protection Regulation)

• 금융사의 개인정보보호에 대한 책임 강화 및 정보주권자(개인)의 정보 통제 및 이동에 대한 권리 강화

RTS   2019. 9[4]
(EU Regulatory Technical Standards)

• 고객인증 및 통신 등 PSD2를 시행하기 위한 세부기술 표준

1) Account Information Service Provider. 2) Payment Initiation Service Provider. 3) 2016년 도입 후 2018년 5월 정식 시행 4) 2018년 3월부터 16개월간 유예기간 후 2019년 9월 의무화 예정

하는 방식이 아닌 시장 자율에 맡기는 방식으로 대응하고 있다.

미국은 오픈뱅킹 자체를 의무화하지는 않았으나, 마이데이터를 제도화하고 오픈 API를 이용하여 핀테크 업체가 금융 데이터를 자연스럽게 활용할 수 있도록 경계를 허물었다.

중국도 은행이 자발적으로 API를 제공하도록 유도하고 있다. 과거 암호화폐나 P2P 대출을 규제했던 방식처럼 시장에서 금융사기

등 문제가 발생하면 관련 사업을 금지하는 '네거티브' 규제 방식으로
신기술의 시장 출시를 허용한 뒤 필요하면 사후에 규제하고 있다.

오픈뱅킹의
산업 파급효과

_____ 오픈뱅킹은 개방성이 원칙이기 때문에 데이터 분석 역
량과 고객 접점을 확보한 업체들이 손쉽게 금융시장에 진입할 수
있는 기회로 작용한다. 하지만 전통 금융사들은 기존 경쟁자와는 물
론 새로운 진입자들과도 경쟁해야 한다. 새로 진입한 기업들은 고객
확보를 위해 공격적으로 맞춤화 상품과 서비스를 출시하며 금융환
경의 변화를 초래하게 된다.

오픈뱅킹은 누구나 쉽게 사용할 수 있는 모바일 플랫폼 기반 인터
넷 전문은행에 유리하게 작용한다. 또한 개인별 빅데이터 분석을 통
한 고객 맞춤 큐레이션 개인재무서비스(Personal Finance Manage-
ment, PFM)가 확산되고, 금융상품 제조와 판매의 이원화를 촉진시
킨다.

인터넷 전문은행의 시장 점유율 확대

금융사 간 장벽이 사라지는 오픈뱅킹 시대는 인터넷 전문은행이
시장에 침투할 수 있는 촉매제가 될 전망이다.

인터넷 전문은행은 오프라인 지점 없이 모바일 금융에 특화된 온

라인 채널을 중심으로 영업을 하기 때문에 기존 은행 대비 운영비가 적게 든다. 데이터 분석 역량 등 디지털 금융 관련 역량을 보유하고 있어 신규 고객 창출이 용이하다. 또한 모바일에 최적화된 인터페이스로 기존 금융사와 차별화된 서비스를 제공하며 급속히 성장하고 있다.

인터넷 전문은행을 전 세계 최초로 도입한 미국은 높은 수신금리와 낮은 수수료 비용을 제공하고, 차별화된 서비스를 제공하며 기존 시장을 잠식하고 있다.

미국의 인터넷 전문은행의 총자산은 8,657억 달러(2018년 12월 기준)에 달한다. 이는 미국 전체 상업 은행자산 대비 5.2%에 불과하지만 빠르게 성장하며 오프라인 은행들을 위협하고 있다.

2009년 설립된 독일 인터넷 전문은행 '피도르뱅크(Fidor Bank)'는 독일에서 가장 혁신적인 인터넷 기업으로도 꼽히고 있다. 회사는 오픈파트너십을 기반으로 새로운 금융 생태계를 조성해 기존에 없던 다양한 서비스를 제공하고 있다. 피도르뱅크는 전통 은행이 제공하지 않는 암호화폐 거래, P2P 대출, 크라우드 펀딩, 귀금속 선물거래, 주식거래 등 금융서비스를 시작했다. 피도르뱅크는 설립 후 2년 만에 흑자를 달성했으며, 2012년부터 2016년까지 연평균 자산증가율이 46% 달했다.

고객 맞춤 개인재무서비스(PFM)의 급성장

과거와 달리 다양한 금융상품이 출현하고 관련 정보가 폭증하고 있어 소비자들은 자신에게 적합한 금융상품을 수집하고 분석하는 데 더 어려움을 겪고 있다. 이에 따라 소비자는 새로운 금융상품보다 자신의 정보를 통합 관리하고 맞춤형으로 금융상품을 추천하는 서비스를 찾게 된다. 이는 행동경제학적으로 이해하고 처리해야 할 정보의 양이 수용할 수 있는 수준보다 많아지면 판단을 뒤로 미루거나 아예 판단을 포기하는 '결정장애(Decision Paralysis)' 현상과 밀접한 관계를 갖고 있다.

디지털 시대는 소비자에게 주어지는 정보의 양 자체가 절대적으로 많아지고 복잡성도 증가하기 때문에, 소비자가 모든 정보를 일일이 해석하고 처리하는 것은 실질적으로 불가능하다.

따라서 소비자들은 수없이 많은 정보 속에서 '의미 있는' 정보만을 선별하여 쉽게 판단을 내릴 수 있도록 도와주는 큐레이션 서비스에 더욱 의존하게 되며, 금융 분야에서는 개인재무서비스(Personal Financial Management, PFM)가 이런 역할을 맡게 된다. 과거 개인재무서비스와 다른 점은 디지털 기술을 활용해 비용과 시간에 대한 부담 없이 사용할 수 있어 특정한 계층이 사용하는 것이 아닌 누구나 사용할 수 있는 서비스 형태로 제공된다.

과거 PFM은 일정 규모 이상의 자산을 가진 사람들을 대상으로 금융사가 제공해 왔다.

하지만 오픈뱅킹, 마이데이터를 통해 금융사와 핀테크 기업들이 고객 데이터를 기존보다 저렴하게 활용할 수 있게 되면서 일반 개인과 소액 자산을 가지고 있는 사람도 고도화된 맞춤형 재무서비스

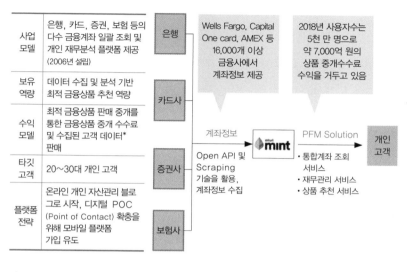

대표적인 PFM 서비스 사업자–Mint

사업 모델	은행, 카드, 증권, 보험 등의 다수 금융계좌 일괄 조회 및 개인 재무분석 플랫폼 제공 (2006년 설립)	은행	Wells Fargo, Capital One card, AMEX 등 16,000개 이상 금융사에서 계좌정보 제공	2018년 사용자수는 5천 만 명으로 약 7,000억 원의 상품 중개수수료 수익을 거두고 있음
보유 역량	데이터 수집 및 분석 기반 최적 금융상품 추천 역량	카드사		
수익 모델	최적 금융상품 판매 중개를 통한 금융상품 중개 수수료 및 수집된 고객 데이터* 판매		계좌정보	PFM Solution
타깃 고객	20~30대 개인 고객	증권사	Open API 및 Scraping 기술을 활용, 계좌정보 수집	• 통합계좌 조회 서비스 • 재무관리 서비스 • 상품 추천 서비스
플랫폼 전략	온라인 개인 자산관리 블로그로 시작, 디지털 POC (Point of Contact) 확충을 위해 모바일 플랫폼 가입 유도	보험사		개인 고객

*평균 소비 금액, 저축 패턴 등

를 받을 수 있게 됐다.

미국 자산관리 업체 '민트(Mint)'는 개인 자산과 부동산 등 비금융 자산까지 통합 관리해 주는 종합자산관리 플랫폼이다. 미국 내 은행계좌의 입출금 관리와 신용카드 사용 내역, 대출 계좌, 증권 계좌 정보, 보험 등 사용자의 금융 데이터를 분석해 신용카드, 예금, 투자, 보험, 모기지 등 개인에게 유용한 금융상품을 추천하는 광고를 통해 수익을 창출하고 있다.

이 같은 장점으로 민트는 2006년 설립 당시 30만 명 사용자에서 현재는 5,000만 명 이상이 사용하는 대표적인 개인 자산관리 기업으로 성장했다.

민트의 성장은 기존 금융회사의 위협으로 받아들여져 반발을 야기했다. 2015년 JP모건, 뱅크오브아메리카, 웰스파고 등 대형 금융사들은 민트에 금융정보 서비스를 제공하는 서버 접속을 차단했다. 이에 민트는 고객이 자진해서 제공하는 금융정보를 수집하는 방식을 도입하고, 금융서비스를 공유할 때 해킹 등 문제가 발생하지 않도록 보안 지침을 강화하는 방식으로 대응했다.

고액자산가 중심으로 소수가 이용해 왔던 PFM은 디지털을 기반으로 빠르게 확장하고 있다. PFM은 개인의 자산에 대한 인식이 높아지고, 디지털 기술을 통해 쉽게 사용할 수 있게 되면서 주목받고 있다. 민트의 사례처럼 오픈뱅킹을 활용한 전통 금융사와의 협력이 이뤄지면, 기존 금융사들의 고객 데이터 독점성이 해소돼 새로운 형태의 맞춤형 PFM 서비스가 등장할 것으로 전망된다.

금융상품 제조와 유통의 이원화

오픈뱅킹으로 금융사 간 경계가 사라짐에 따라 주거래 은행의 개념이 약화하고 고객의 금융사 이동이 증가하고 있다. 소비자는 편리한 고객 경험과 차별적 서비스를 제공하는 금융 플랫폼을 선호하게 되고, 해당 플랫폼 내에서 모든 금융활동을 진행하게 된다.

이런 변화 속에서 고객이 금융사 앱을 선택하는 기준은 편리한 모바일 사용환경과 차별적 고객 경험, 개인 맞춤형 상품 큐레이션 서비스로 압축된다.

편리한 모바일 사용환경을 기반으로 한 모바일 플랫폼의 금융시장 잠식은 빠르게 진행되고 있다.

모바일 뱅킹이 일반화되는 환경에서 향후 소비자는 특정 금융사 앱만 사용할 가능성이 높기 때문에, 다양한 고객을 확보한 소수의 앱에서 대부분의 금융상품의 판매가 일어날 것으로 예상된다.

또한 데이터 기반 최적화된 금융상품 추천 서비스를 제공하는 PFM과 금융 전문성을 보유한 독립투자자문업자(Independent Financial Advisor, IFA)도 활성화되어, 전문적으로 금융상품을 유통하는 채널이 성장할 것으로 보인다. PFM이 오픈뱅킹과 디지털화로 확산되는 것처럼, 맞춤형 투자자문을 원하는 일반 고객을 대상으로 IFA 시장도 활성화될 것으로 예상된다.

금융산업의 변화 속에서 전통 금융사들은 그동안 다양한 금융상품을 설계해 온 핵심 역량 기반, 새롭게 유입되는 방대한 데이터를 활용해 개인 맞춤화 상품의 설계에 집중하고 있다. 반면 금융 유통 플랫폼은 고객들에게 다양한 상품을 소개, 비교, 판매하는 채널로 특화되고 있다.

이에 따라 금융상품 설계에 핵심 역량을 보유한 기업은 상품 설계 역량에 집중하고, 플랫폼을 확보한 금융사 및 핀테크 기업들은 상품 큐레이션을 통해 고객 유입과 확보에 집중하는 금융상품 유통과 제조의 이원화가 점차 심화될 전망이다.

방대한 유저 데이터를 보유한 '테크핀(TechFin)'의 성장

02

금융산업의 디스럽션(Disruption)을 일으키는
테크핀의 등장

_____ 구글, 아마존, 애플, 알리바바 등 글로벌 IT기업들이 자사 플랫폼에서 확보한 고객들의 비정형 데이터(소비패턴, 관심사, 이동패턴 등)에 금융 데이터를 결합해 새로운 형태의 금융서비스를 제공하는 테크핀(TechFin) 기업으로 변신하고 있다.

테크핀은 IT 기술 기반으로 설립된 회사가 사용자 데이터와 디지털 서비스 역량(빅데이터, AI, 클라우드)을 기반으로 혁신적인 디지털 금융서비스를 제공하는 것을 말한다. 핀테크가 기존 금융시스템 기반에 ICT를 접목시킨 서비스인 반면 테크핀은 방대한 고객정보와

ICT를 중심으로 금융서비스를 결합한다는 점이 다르다.

국가별로 보면 미국과 영국 등 선진국들은 제도를 완화해 핀테크 업체들의 금융시장 진출을 유도하고 있으며, 홍콩은 위뱅크(텐센트), 마이뱅크(알리바바), 시왕은행(샤오미) 등 인터넷 은행을 인가해 아시아 금융허브에 진입할 수 있는 제도적 장치를 마련했다. 상대적으로 금융규제가 엄격한 동남아시아 국가도 법규를 바꾸고 있어 그랩, 알리바바와 같은 테크핀 기업의 잠재시장이 확대되고 있다.

테크핀 기업들은 기존 금융권에 편입되지 못했던 고객들에게 대출, 투자 등의 금융서비스를 제공하면서 전통적인 금융기업들을 위협하고 있다.

자사 플랫폼 데이터를 활용한
정교한 금융서비스 제공

거대 플랫폼 기업들의 금융시장 지배력 확대

테크핀 기업들은 자사에 축적된 고객 데이터에 디지털 기술들을 접목시켜 전통 금융사와 고객에게 차별화된 상품 및 서비스를 제공하며 금융시장 진출을 가속화하고 있다.

알리바바의 금융 자회사인 '앤트파이낸셜(Ant Financial)'은 결제 서비스에서 시작해 자산관리, 대출, 보험, 신용평가 등 금융업 전반으로 서비스 영역을 확대하고 있다. 기존 금융시장에 없던 차별화된 상품과 서비스를 출시하여 금융시장 내 영향력을 강화하는 중이다.

앤트파이낸셜은 2019년 기준 기업가치가 1,500억 달러로 JP모건·골드만삭스 합친 규모보다 더 크게 성장했으며, 연간 결제 규모도 2017년 기준 8조 8,000억 달러로 마스터카드(5조 2,000억 달러)를 넘어선 지 오래되었다. 회사가 급성장할 수 있는 이유는 모회사인 알리바바 플랫폼 내 입주 기업들의 비정형 데이터 분석을 통해 금융서비스에 활용했기 때문이다.

이 회사는 개인과 기업의 신용평가에 신용카드 연체, 각종 요금 납부 상황, 모바일 결제내역 등 기존에 활용되지 않았던 데이터를 포함하여 분석했다. 특히, 알리바바에 입점해 있는 기업들이 대출 관련 재무적 지표가 다소 부족해도 해당 기업의 거래 구조나 R&D 역량, 파트너사와의 관계, 고객기반 등을 종합적으로 판단해 금융거래 기준으로 활용했다. 이 같은 전략을 통해 알리바바에 입점한 기업들은 앤트파이낸셜을 주 금융수단으로 활용하고, 알리바바는 기업들을 새로운 금융고객으로 유치하는 동시에 지속적인 사업 기회를 제공할 수 있게 됐다.

앤트파이낸셜은 이외에도 블록체인 기반 기존의 보험과 차별화된 '프렌슈어런스(Friendsurance)' 방식을 적용한 건강 보험상품 '상후바오(相互保)'를 출시했다. 프렌슈어런스는 지인끼리 보험에 가입하고 손해율에 따라 보험료를 환급받는 보험서비스다. 상후바오는 가입자가 많으면 보험료가 낮아지고, 매월 납입이 필요 없으며 보험 상품 가입자 중 보험금 지급이 필요시, 가입자들이 균등하게 보험료를 지불하는 형태로 운영된다. 상후바오는 2019년 4월 기준 가입자 5,000만 명을 돌파했으며, 블록체인을 통해 신뢰성과 투명성을 제공해 안정성 면에서도 인정받고 있다. 상후바오는 기존 수 주가 걸리던 보험금 지급심사도 일반 보험회사에 비해 훨씬 빠른 분 단위로 처리한다.

대표적인 테크핀 아마존은 이커머스 내 유입된 고객들에게 새로운 고객 경험을 제공하기 위해 결제, 대출 및 아마존 은행계좌 서비스 등 금융 전반으로 영역을 확대하고 있다.

이 회사는 결제시 등록해 놓은 신용카드로 간편 결제가 가능한 '아마존 페이(Amazon Pay)'를 서비스 중이다. 판매자의 거래내역과 빅데이터 기반으로 신용위험도를 분석해 단기자금을 대출해 주는 '아마존 렌딩(Amazon Lending)'은 2018년 대출액이 50억 달러를 넘어섰다.

현재 아마존은 금융업 진출을 위해 금산분리 제한이 상대적으로 낮은 일본에 은행업 인가 신청을 했으며, 일본 금융청에서도 긍정적인 반응을 보이고 있다. 아마존이 은행업을 시작하면 일본을 시작으로 글로벌까지 금융업 진출을 확대할 것으로 예상된다.

차량 승차 공유서비스 업체 '그랩(Grab)'은 자사 앱에서 발생하는 위치정보, 운행정보, 결제정보 등 방대한 고객데이터를 활용해 고객 맞춤 금융서비스를 제공하는 테크핀으로 진화 중이다. 2018년 그랩은 일본계 금융사 '크레딧세존(Credit Saison)'과 합작투자회사 '그랩파이낸셜서비스아시아(Grab Financial Service Asia)'를 설립하고 금융사업에 본격 진출했다. 합작사를 통해 그랩은 서비스에 등록된 운전사와 휴대폰 판매업체 등을 대상으로 소액 대출을 제공하고 보험까지 서비스 영역을 확대하고 있다.

보험업계의 높은 진입장벽을 허무는 스마트 헬스

보험업계는 소비자의 행동들을 스마트 기기와 연계하여 일상생활 내 발생하는 데이터를 통해 새로운 보험상품과 서비스를 제공하는 사업이 성장하고 있다. 특히, 스마트워치 등 웨어러블 기기를 통해 고객 건강 데이터를 확보한 업체들의 보험업 진출이 활발하다.

애플은 2014년 출시한 '헬스킷(Health Kit)'이라는 건강관리 앱을 통해 사용자의 체중, 혈압, 수면 데이터 등 일상 데이터를 지속적으로 축적해 왔다. 2018년에는 120개가 넘는 의료기관과 협업해 고객의 병원 진료기록, 처방기록 등 개별 기관에 흩어져 있는 고객의 건강기록을 통합 관리해 주는 '애플헬스레코드(Apple Health Record)' 서비스도 제공하고 있다.

애플은 2019년 미국 최대 건강보험사 중 하나인 '애트나(Aetna)'와 '어테인(Attain)'이라는 건강관리 앱을 출시했다. 이 앱은 소비자에게 건강 모니터링과 조언을 해 주며 고객의 다양한 건강 데이터를 확보할 수 있다. 소비자가 어테인 앱에서 제시한 건강 목표를 달성할 경우 애트나는 애플워치의 할부금을 대신 납부하는 등 보상을 통해 고객의 건강관리를 독려한다.

애플은 보험업의 높은 진입장벽으로 우선적으로 보험사와의 제휴를 추진하며, 우선 보험업 운영의 노하우를 확보하고 있다. 애플과 같은 테크핀이 추후 방대한 고객 건강데이터를 기반으로 보험업에 직접 진출할 경우 보험업계 내 새로운 혁신이 발생하고, 경쟁구도도 빠르게 재편될 것으로 전망된다.

디지털 화폐를 통해
새로운 금융 생태계 조성

_____ 세계 최대 소셜 네트워크 서비스 페이스북도 금융시장 진출을 준비하고 있다. 회사는 자사 금융 부문 확장성을 위해 암호화폐인 '리브라(Libra)'를 출시하고 새로운 금융 생태계를 조성할 계획이다.

2020년 하반기 출시 예정인 리브라는 자체 블록체인 기술을 활용해 휴대전화 등 기기를 이용해 즉석으로 돈을 송금하거나 결제할 수 있다. 페이스북은 개인 계좌가 없는 세계 17억 명의 인구가 리브라를 통해 수수료 없이 금융서비스를 사용할 수 있을 것으로 기대하고 있으며, 시장 규모는 2조 달러에 이를 것으로 예상하고 있다.

리브라는 달러나 유로 등 전통적 화폐처럼 고정환율을 갖지 않지만 금이나 석유 등 비교적 안정적이고 신뢰할 수 있는 물리적 자산에 가치를 연동해 비트코인처럼 가치가 크게 변동되지 않게 설계될 예정이다.

페이스북은 리브라 생태계를 구축해 2020년까지 페이스북 메신저와 왓츠앱 등에서 물건 구매와 송금이 가능한 결제서비스를 도입하고, 개인 간 송금 기능에서 시작해 온오프라인 상거래 결제용 화폐로 확장시킬 계획이다.

테크핀 기업들은 금융기관을 거치지 않고 디지털 기술로 금융거래 환경을 구축하고 있다. 아직 테크핀이 만드는 금융시장이 주류가 되지 않았지만, 인터넷 쇼핑이 경제환경을 바꾼 것처럼 테크핀을 통한 금융거래가 활발하게 이뤄진다면 기존 오프라인 중심 은행과 금융기관의 입지가 크게 위축될 것이다.

업종경계가 파괴된 무한경쟁의 **금융산업**

기술 확보를 위한
오픈 이노베이션

_____ 금융업 내에 테크핀을 비롯해 새로운 경쟁자들이 등장함에 따라 기존 금융사들은 자체 디지털 역량 강화뿐 아니라 IT기업과 협력을 통해 디지털 혁신을 일으키려는 노력을 하고 있다.

씨티그룹은 금융서비스 관련 개발자용 포털을 열고, 개발자를 대상으로 API를 공개하는 등 새로운 금융서비스 개발과 협업 확대에 나서고 있다.

씨티그룹은 2016년 API를 일부 공개했으며 이를 통해 개발자와 핀테크 기업들이 계좌관리, P2P 결제, 송금, 투자 관련 서비스를 개발할 수 있도록 지원했다. 주기적으로 전 세계 100여 개국에서 수천 명의 개발자들이 참여하는 핀테크 챌린지 등 경진대회를 개최해 새로운 아이디어와 기술을 확보하고 있는 등 외부 개발자들과 공조하는 환경을 창출하여, 혁신적 기술을 지속적으로 축적함으로써 디지털 경쟁력 강화에 집중하고 있다.

일본 3대 금융사인 미즈호그룹은 디지털 환경 변화에 대응하기 위해 그룹사 전체 디지털 혁신개발을 목표로 핀테크 업체와의 제휴 관계 강화를 추진하고 있다.

미즈호그룹은 2015년부터 그룹 내 독립된 디지털전략 프로젝트 팀을 구성하고 일본 라인(Line)과 제휴를 맺어 라인 메신저에서 잔액을 확인할 수 있는 '라인 간단 잔고 증명' 서비스를 제공하기 시작했다. 2016년 10월 핀테크 랩을 설립하여 일본 핀테크 기업 '머니트리(Moneytree)'와 협업해 머니트리의 계좌정보를 읽는 기술을 적용해서 타 은행, 신용카드 내역을 볼 수 있는 가계부 서비스를 시작하면서 핀테크 생태계 구축을 도모했다.

이외에도 중국 유니온페이, 알리페이 등 결제사업자들은 API 호환성을 확보해 디지털 화폐 사용 저변을 확대하는 등 적극적으로 새로운 기술을 도입하고 있다.

데이터 확보를 위한
에코시스템 구축

_____ 전통 금융사도 고객 데이터 확보를 위해 테크핀 기업 등 타 사업자와의 고객 데이터 연계와 고객접점 강화를 위해 연합을 추진하고 있다. 테크핀은 전통 금융사의 금융 인프라를 활용해 금융경험을 익히고, 고객에게 차별화된 추천을 할 수 있는 협력체계 구축에 나서고 있다.

애플과 손잡은 골드만삭스

2019년 골드만삭스는 애플과 협업한 신용카드 '애플카드'를 출시했다. 개발 과정에서 애플은 카드 디자인과 소프트웨어 인터페이스를 담당하고, 골드만삭스는 데이터 관리, 결제 관련 분쟁 관리 등을 맡았다.

골드만삭스는 증권거래 및 기업금융 부문의 수익 감소를 타개하기 위해 소매금융 시장 진출을 준비해 왔다. 하지만 경쟁업체인 JP모건체이스 등과 같은 소매금융 기반이 없기 때문에 애플과 협력해 새로운 방식으로 신용카드 시장에 진출하는 것을 결정했다. 골드만삭스는 수수료가 없고, 캐쉬백을 통한 명확한 보상 프로그램을 제공하며, 신용카드 사용내역은 앱에서 바로 확인할 수 있게 하는 등 차별적 정책을 도입한 애플카드를 출시했다.

골드만삭스는 1억 명이 넘는 애플 고객 중 최대한 많은 사람이 신용카드를 사용할 수 있도록 신용도가 낮은 사람의 카드 신청도 받아들였다. 이에 기존 금융사에서 주택담보대출이나 신용카드 발급이 거부되는 사람도 애플카드를 신청할 수 있게 됐다. 애플카드는 골드만삭스의 금융결제 인프라와 애플의 혁신 기술이 융합되어 신용카드 업계 판도를 뒤흔들고 있다.

JP모건, 버크셔해서웨이, 아마존이 만드는 새로운 보험

테크핀을 중심으로 한 금융사들의 합종연횡은 계속될 것으로 보인다. JP모건과 버크셔해서웨이는 아마존과 손을 잡고 보험회사 '헤이븐(Haven)'을 설립했다. 헤이븐은 우선 130만 명에 달하는 JP모건, 버크셔해서웨이, 아마존 임직원을 대상으로 건강 보험서비스를 제공한다.

아마존은 자사 클라우드와 AI로 임직원들의 건강 데이터를 관리·분석하고, JP모건체이스는 재무 부문을 담당한다. 보험 영업과 나머지 일들은 버크셔해서웨이의 계열사들이 가진 인프라를 활용한다. 헤이븐은 3사 임직원을 위한 건강 보험서비스 제공을 시작으로 점차 서비스 영역을 확대할 예정이다. 추후 아마존이 보유한 방대한 고객 데이터를 활용한 새로운 보험서비스 확대로 이어질 경우 미국 보험업은 완전히 새로운 국면을 맞게 될 것이다.

금융 부문은 전통적인 규제산업으로 새로운 기업들의 진출이 어려웠다. 하지만 선진국을 중심으로 금융 부문 법제도를 정비해 진입장벽이 낮아지면서 디지털 기술을 바탕으로 한 기업들이 등장하고 있다. 테크핀 등 새로운 기업들은 기존 금융서비스의 복잡함을 없애고, 과정은 최대로 단순화해 전혀 다른 경험을 소비자에게 제공하고 있다. 효율적이면서 편리한 금융서비스를 경험한 소비자들은 빠르게 새로운 방식으로 이동하고 있다.

새로운 금융서비스 업체들이 주목받는 것은 디지털 중심의 전략과 기술 덕분이다. 이들은 기존 금융업계에서 활용하지 않는 데이터를 취합해서 분석하고 IoT, 센서, 스마트워치 등을 통해 실시간으로 방대한 데이터를 수집한다. 더 많은 데이터 수집과 분석은 더 나은 서비스 제공을 의미한다. 이 같은 변화에 기존 금융업계도 변신하고 있다. 자체 디지털 역량을 강화하고, 개방적인 환경으로 전환해 관련 업계와 협력모델을 만들어내고 있다. 디지털 혁명은 금융업계 사업방식 전체에 변화를 가져오고 있다.

혁신적인 변화의 변곡점에 있는 국내 금융산업

04

뒤늦게 도입되고 있는
오픈뱅킹

Embryonic	Emerging	Outstanding

　　　　　　　　국내 금융산업은 은행 내 고객 데이터를 오픈 API를 통해 핀테크 기업에 개방하는 금융공동망 인프라를 2016년에 구축하였으나, 이용 가능한 기관이 중소 규모의 핀테크 기업으로 한정되었고, 수수료도 높게 책정되는 등 운영상의 문제로 활성화되지 못했다.

　오픈 API 이용기관을 중소 핀테크 기업으로 한정하다 보니 카카오, 네이버 같은 대형 핀테크 기업과 은행들은 사용할 수 없었다. 금융공동망 이용료도 건당 400~500원 수준으로 자본력이 부족하고 수익구조가 확실하게 자리를 잡지 못한 핀테크 입장에서 부담이 높았다.

이에 금융당국은 금융시장의 개방과 디지털 기술 기반의 혁신을 위해 2019년 10월 시범 운영을 거쳐 12월에 오픈뱅킹을 도입하였다.

국내의 오픈뱅킹은 과거 중소기업에서 대형 핀테크 기업과 은행까지 확대했다. 높은 수수료도 2016년 도입된 공동업무시스템 대비 10% 수준으로 낮아졌고, 보안성과 속도는 높아졌다. 이 같은 규제 완화를 통해 신규 서비스 출시가 가속화되고 있으며, 무엇보다 소비자는 다양한 금융상품을 정확하게 비교 분석한 뒤 금융상품을 선택하고 비용 부담을 낮춘 금융자문서비스를 받을 수 있게 됐다. 오픈뱅킹이 적용되는 은행의 금융상품도 예금과 적금으로 한정된 보유자산 조회 및 이체 기능에서 대출, 연금, 가상계좌 등에 확장할 예정이다.

오픈뱅킹이 적용되는 은행의 금융상품을 확대하고 오픈 API 제공 기관을 은행 외 타 금융기관까지 확대해, 은행업에 국한해 적용한 금융 선진국보다 더 높은 수준의 금융 데이터 개방이 가능하게 됐다. 그리고 오픈뱅킹 확대 적용의 걸림돌이었던 데이터 관련 법안도 통과돼 정보 주체인 개인의 능동적인 정보 활용이 가능한 마이데이터(MyData) 산업이 본격적으로 확산될 전망이다.

데이터 3법은 개인정보보호법과 정보통신망법, 신용정보법으로 4차 산업혁명 시대에 데이터 이용 활성화를 통한 신산업 육성과 관련 산업의 관리감독 체계 구축을 위해 기존의 규제들을 완화하는 것이 새로운 개정안의 주요 내용이다. 데이터 3법 개정안이 통과되

	경쟁 범위 및 데이터 공유 수준		
	Low		High
구분	계좌이동 서비스 ('16. 2월)	전 금융계좌 통합조회 ('19. 10월)	산업 간 정보융합* (2020년 1월 데이터 3법 국회 통과)
경쟁 범위	은행	은행 및 핀테크	은행 및 마이데이터 사업자 (카드사 및 핀테크 예상)
데이터 활용 범위	자동이체 정보 한정	금융정보 전체	금융정보 + 타 업종정보 (통신, 의료, 유통 등)
주요 내용	고객의 각종 자동이체 처리정보 및 권한을 타 은행 계좌로 전환	제3업체에 대한 각종 뱅킹 인프라 및 지급결제 기능을 개방	개인의 각종 정보를 집대성하여 상품 추천 및 자문 서비스 제공

*데이터 3법 국회 통과로 행정부의 실행안 구체화 단계

며 국내도 빅데이터 산업을 선진국 수준까지 활성화할 수 있는 제도적 기반이 마련됐다.

특히 마이데이터 산업이 비금융 분야까지 확산되면, 개인의 다양한 생활 정보를 결합한 상품 추천과 자문서비스가 가능해진다.

다양한 금융서비스로 결합하는 PFM 서비스

이 같은 변화에 맞춰 국내도 PFM 서비스를 제공하는 업체들이 등장해 빠르게 성장하고 있다.

국내 대표 PFM 서비스는 뱅크샐러드, 브로콜리가 있으며, 이외

에도 간편 송금이나 간편 결제서비스로 출발한 토스, 카카오페이, 네이버페이도 PFM으로 영역을 확장하고 있다.

이들 기업이 PFM 서비스에 주목하는 이유는 오픈뱅킹을 통해 기존 서비스에 다양한 금융서비스를 결합하는 것이 가능해졌기 때문이다. 이전까지 특정 기능을 단편적으로 제공하는 데서 출금이나 이체 등 뱅킹서비스까지 앱 내에서 원스톱으로 제공할 수 있게 됐다.

일례로 뱅크샐러드는 주요 시중은행들과 데이터를 활용한 상품 제조 및 추천 알고리즘 개발 등을 공동으로 진행 중이며, 이를 바탕으로 구독 금융서비스, 무서류 간편 대출 등 차별화된 금융상품과 고품질 자산관리 서비스를 선보일 계획이다.

하지만 유럽과 미국 등 금융 선진국은 한 발 더 나아가 진정한 의미의 개방된 뱅킹서비스를 시작했다. 바로 '서비스형 뱅킹(Banking-as-a-Service, BaaS)'을 통해 누구나 은행을 설립해 금융 전문 서비스를 제공할 수 있는 환경을 구축한 것이다. BaaS는 은행이 비은행 기관에게 계좌 개설, 대출, 카드 발급 등 금융 업무를 제공할 수 있도록 API를 개방하는 서비스로 대표적인 규제 산업인 금융업 특성상 파격적인 변화다.

글로벌 은행인 BBVA(Banco Bilbao Vizcaya Argentaria)는 BaaS를 통해 미국의 '심플(Simple)', '아즐로(Azlo)' 등 인터넷 은행이 뱅킹서비스를 제공할 수 있게 했고, 독일의 피도르뱅크(Fidor Bank)와 영국의 스탈링뱅크(Starling Bank) 등 대표적인 인터넷 은행도 BaaS를 제공하고 있다. 이에 따라 미국과 유럽에서는 중소기업이나 프리랜서,

자영업자 등 고객과 서비스에 특화한 인터넷 은행들이 등장하고 있다. 은행을 고객으로 하는 영국의 '클리어뱅크(ClearBank)'나 독일의 '솔라리스뱅크(SolarisBank)'는 아예 BaaS만 제공하고 일반 고객은 보유하지 않는 인터넷 은행이다.

이들 은행은 기존 대출 이자나 투자 대신 API 수수료를 수익모델로 하는 'API 경제(API Economy)'를 구현하며 달라진 금융산업의 모습을 대변하고 있다.

활발하게 금융업의 영토를 확장하고 있는 국내 테크핀

Embryonic	Emerging	Outstanding

_____ 카카오, 네이버, 삼성전자 등 국내 테크핀들은 미국, 유럽 등 선진국의 테크핀처럼 간편 결제에서 출발해 금융서비스를 확장하고 있다. 국내 금융산업은 이미 주요 금융기업들이 선진 금융 인프라를 기반으로 시장을 장악하고 있어, 후발주자인 테크핀들은 차별화된 서비스를 통해 고객을 확보해야 하는 어려움이 있다.

이런 환경 속에서 국내 메신저를 장악하고 있는 카카오 검색엔진과 쇼핑 포털 기반의 네이버, 모바일 디바이스의 글로벌 선두주자인 삼성전자는 각각 보유한 고객 기반과 플랫폼을 활용해 금융 사업을 추진 중이다. 이들 기업은 간편 결제서비스인 카카오페이, 네이버페이, 삼성페이를 시작으로 기존 금융사와 제휴를 통한 신용카드 발급, 계좌 개설 등의 서비스로 확장해 현재는 인터넷은행과 PFM 서

카카오뱅크의 빠른 성장

카카오뱅크 가입자수

(단위: 만 명)

출범 첫날

24 / 100 / 200 / 500 / 800 / 1,000 / 1,069

2017. / 2017. / 8.7 / 2018. / 2019. / 2019. / 2019.
7.27 / 7.31 / / 1.7 / 1.19 / 7.11 / 9.30

*실명인증 후 보통예금(요구불 예금) 계좌를
개설한 고객 기준

꾸준히 고도화하는 카카오뱅크

2019년 8월

아이폰 시리 단축어 기능 적용
시리 단축어 기능(음성인식 서비스) 도입

2019년 8월

안드로이드폰 V3 앱 내재화 서비스
V3 앱 설치하거나 실행하지 않고 독자 구동

2019년 10월

신용점수 실시간 올리기 기능 고도화
기존 신용점수 관리 서비스에 비금융정보 활용 추가

2019년 10월

영상 통화로 계좌 개설
타행 계좌 인증하지 않고 영상통화로 계좌 개설

비스까지 제공중이다. 일부 회사들은 금융서비스를 국내 소비자 대상이 아닌 기존 사업을 해온 해외에서도 고객 기반을 활용해 간편 결제서비스 및 현지 금융사 설립을 추진 중이다.

카카오는 카카오페이와 카카오뱅크를 운영하면서 메신저 플랫폼 고객과 다양한 금융서비스를 연계하고 있으며, 사업 영역을 적극 확장하면서 현재 국내 최대의 온라인 금융회사로 자리잡았다. 특히, 카카오뱅크는 예금이나 대출 등 일반적인 은행의 기능에 IT 기술을 접목한 비대면 계좌 계설, 공인인증서 없는 편리한 이체 송금방식 등을 도입해 '쉬운 은행'을 지향하고 있다.

실제 카카오뱅크는 직관적인 유저 인터페이스와 26주 적금, 모임 통장, 비상금 대출, 비대면 전월세 보증금 대출 등 기존 금융권과는 차별화된 상품으로 밀레니얼과 Z세대뿐 아니라 기존 은행 사용에 불편을 느끼는 고객까지 확보해 금융 부문에서 파괴적인 사업자로 성장했다.

카카오뱅크는 투자, 보험, 청구서 납부 등 소비자 생활 편의에 초점을 맞춘 '생활금융'이 큰 호응을 얻으면서, 2019년 8월 기준 가입자 3,000만 명 돌파했으며 연간 거래액도 2019년 상반기에만 22조 원을 기록했다. 이는 2018년 전체 거래액 20조 원을 훌쩍 넘는 수치다.

이외에도 '피플펀드(People Fund)'나 '투게더펀딩(Together Funding)' 같은 P2P 대출 업체와 협력해 소액투자 서비스를 제공하고 있으며, 금융 데이터 통합 조회 서비스, 보험 중개 핀테크 기업인 '인바이유(Inbyu)'를 인수하여 보험상품 중개 서비스까지 사업을 확장하고 있다. 카카오뱅크는 바로투자증권을 인수해 증권업 진출도 추진하고 있다.

네이버도 간편 결제 중심에서 종합 금융 플랫폼으로 사업을 확장하고 있으며, 해외는 간편 결제서비스 진출과 함께 인터넷 전문은행, 여신전문금융기관 등 금융사 설립을 진행하고 있다.

네이버는 국내에서 본격적인 금융사업 추진을 위해 2019년 사내독립기업(Company In Company, CIC) 네이버페이를 네이버파이낸셜로 분사했다. 분사 이후 기존 간편 결제사업에 대출과 보험, 투자 부문을 추가해 종합 금융 플랫폼으로 사업을 확장 중이다.

네이버는 미래에셋대우와 협력해 신규 금융상품을 출시했으며, 검색과 간편 결제, 부동산 등 다양한 서비스를 연계해 이용자를 끌어들일 계획이다. 이미 네이버는 카드사와 제휴한 카드상품을 출시해 오프라인 결제시장에 진출했고, QR코드 결제, 고객이 식당에서 직원 대면 없이 모바일로 주문부터 결제까지 가능한 O2O 서비스인 '테이블 오더'를 출시하는 등 오프라인 결제로 사업을 확장하고 있다. 간편 결제서비스인 네이버페이는 2019년 기준 고객수 3,000만 명을 확보해 경쟁 서비스인 카카오페이와 유사한 수준이며, 연간 거래액은 17조 원에 달할 것으로 전망된다.

네이버는 해외에서 라인(Line) 메신저 가입자를 기반으로 금융서비스를 확대하고 있다. 라인은 일본과 대만, 동남아에서 메신저 점유율 1위를 차지하고 있으며 월간 사용자 수가 1억 6,000만 명을 넘어선다. 네이버는 2017년 태국 카시콘은행과 협력해 대부업체인 카시콘라인(Kasikorn-Line)을 설립해 금융시장에 진출했다. 2019년 대만과 일본에서 인터넷 전문은행 설립 인가를 취득했고, 일본 미즈호그룹과 개인 무담보대출 서비스를 제공하는 '라인 크레딧' 서비스를 내놨다. 일본 노무라증권과 모바일 주식거래 서비스를 제공하는 '라인증권'도 출시했다.

이처럼 네이버는 해외에서 라인의 폭넓은 사용자를 기반으로 간편 결제부터 증권, 인터넷 은행까지 금융 부문 경쟁력을 키우고 있다.

삼성전자는 자사 스마트폰에 '마그네틱 보안 전송(Magnetic Secured Transmission, MST)'기능을 적용한 삼성페이로 간편 결제시장에 진출한 뒤 사업을 확장하고 있다. MST는 스마트폰에서 무선으로 신용카드 정보를 전송시키는 기능이다. 삼성페이는 스마트폰 사용자 고객뿐 아니라 간편 결제 사용자까지 붙잡아두는 강력한 '락인(Lock-in)' 효과를 내고 있다. 삼성페이는 ATM출금, 교통카드 등 물리적인 신용카드와 체크카드를 대체하며 사용자를 확보해 우리나라 간편 결제 점유율 1위를 차지하고 있다. 향후 삼성페이 경쟁력을 높이기 위해 블록체인 기술을 활용하여 P2P 결제 등 수수료가 신용카드보다 낮은 결제방식을 도입할 계획이다.

삼성전자는 최근 투자, 펀드, 해외 송금, 환전에 대출 서비스까지 은행과 증권, 보험을 망라하는 서비스를 내놓고 종합 금융서비스 업체로 변신을 추진 중이다.

테크핀 기업들은 국내뿐만 아니라 금융 침투율이 낮은 국가에서의 금융 사업 확장 전략이 필요하다. 미국이나 유럽 등 금융 선진국들은 이미 전통적인 금융기업들이 자리를 잡고 있어 신규업체가 진출하기 어려운 상황이다. 하지만 동남아시아 일부 국가는 금융서비스 사용 비중이 작기 때문에 후발주자라도 기회가 높다.

실제 네이버는 일본과 대만, 태국 등 동남아에서 인터넷전문은행, 소비자금융사 등 금융기관을 설립하고 본격적인 금융사업을 확장 중이며, 카카오도 카카오페이의 주요 주주인 알리바바와 함께 아시아에서 국가의 경계를 넘나드는 크로스보더(Cross-border) 결제를 추진하고 있다. 이미 카카오페이는 국내 소비자의 해외 결제와 해외 관광객의 국내 결제를 보조하기 위한 수단으로 활용되고 있다.

삼성전자도 삼성페이가 탑재된 스마트폰 기반, 오프라인을 중심으로 상당 규모의 간편 결제 고객층을 확보하고 있으며, 말레이시아와 인도네시아에서는 현지 온라인 간편 결제 사업자와의 제휴를 통해 온라인 결제 사업을 강화하고 있다.

이종산업 간의 합종연횡으로 만들어지고 있는
금융 생태계

Embryonic	Emerging	Outstanding

_____ 전통적인 글로벌 금융사들이 새로운 환경에 맞춰 비금융 사업자들과 전방위적인 협력체계를 구축하는 것과 비교해 국내 금융사들의 이종산업 생태계 구축은 늦은 편이다.

우리나라 금융사가 글로벌 금융사 대비 이종산업 간 협력 생태계 구축이 늦은 이유는 우선 오랫동안 규제 산업으로 보호를 받아온 국내 금융사들의 폐쇄성, 그리고 다양한 데이터의 결합을 허용하는 법령인 데이터 3법 처리의 지연으로 인해 빅데이터를 보유한 기업 간 협력이 늦어졌기 때문이다.

금융기관이 핀테크 기업과 협력하기 위해서는 플랫폼을 통한 API 개방이 추진되야 하지만, 국내는 금융정보 공유에 대한 보수적 입장이 강하고 디지털 전환이 지연되며, 글로벌 선도 사업자 대비 개방이 늦어졌다. 특히, 데이터 3법 개정안은 각 기업이 보유한 고객 데이터를 익명 처리 후 결합하여 가공할 수 있는 내용을 담고 있지만 해당 법 처리가 최근까지 국회에 계류되다가 2020년 초에 통과되었다. 법개정 지연이 한동안 기업 간 협력 활성화를 가로 막는 요인으로 작용한 것이다.

이런 상황에서 최근 국내 금융기관도 해외 글로벌 금융사처럼 이종사업자와 협력 플랫폼을 구축하고 핀테크와 스타트업 육성에 나서는 등 디지털 혁신과 신규 사업 모델 창출을 위해 노력하고 있다.

API 개방과 스타트업 지원으로 협력을 확대하는 금융기관

그동안 개방에 보수적이었던 금융기관은 다양하고 특화된 API를 핀테크들이 이용할 수 있도록 했다.

NH농협은행은 2015년 최초로 오픈 API 플랫폼을 구축했고, 2018년에는 KEB하나은행, 신한금융그룹이, 2019년에는 우리은행이 오픈 플랫폼에 합류했다. 은행들은 자체 플랫폼을 통해 100~300여 개 API를 개방해 핀테크 기업들이 자사 서비스를 활용할 수 있게 했다.

하나금융그룹은 2019년 은행의 오픈 API 플랫폼을 금융지주 내 전 계열사 대상으로 제공하고 있으며, 신한금융그룹은 우수인재 확보와 새로운 비즈니스 모델 발굴을 위한 해커톤(Hackathon · 해킹과 마라톤의 합성어로, 참여자들이 팀을 구성하여 한정된 기간 내에 프로젝트를 수행하는 행사)을 매년 개최하고 있다.

국내 은행과 금융그룹은 장기적으로 금융권과 스타트업의 협력 생태계를 구축하기 위해 핀테크와 스타트업 지원 프로그램을 도입해 적극적인 투자와 지원을 제공하고 있다.

KB금융그룹은 핀테크 스타트업을 지원하는 'KB스타터스'를 2015년에 시작해 2019년까지 75개 스타트업을 발굴했으며, 이 중 39개 사와 108건의 비즈니스 협업을 진행했다. 또한 PFM 서비스 뱅크샐러드의 레이니스트, 금융상품 추천 및 중개서비스 핀다 (Finda) 등 23개 사에 266억 원을 투자하며 다양한 스타트업을 육성하고 있다.

신한금융그룹도 2015년부터 스타트업 육성 프로그램인 '신한퓨처스랩'을 통해 2019년까지 총 122개의 스타트업을 발굴했다. 직접투자 규모는 누적 170억 원으로 총 72개 스타트업과 협업을 진행하고 있다.

이외에도 KEB하나은행 '1Q 랩', 우리은행 '디노랩', NH농협은행 'NH 디지털 챌린지 플러스', IBK기업은행 'IBK창공' 등 창업 플랫폼들이 운영되고 있다.

전통적인 금융사들과 비금융사의 협업 노력은 2020년부터 사업화되어 본격적인 성과를 낼 것으로 예상된다.

이종업계 연합으로 새로운 금융상품 출시

네이버파이낸셜은 미래에셋대우 등 금융 파트너사의 통장을 대신 만들어주고 네이버페이, 웹툰 등 자사 서비스 사용자에게 혜택을 주는 '네이버 통장' 출시 등으로 금융사업을 확장할 계획이다.

카카오는 크라우드 보험 플랫폼을 보유한 스타트업 인바이유

(Inbyu) 인수로 보험업계에 진출했다. 카카오는 이외에도 향후 삼성 화재와 함께 디지털 손보사를 설립해 카카오 생태계를 활용한 개인 형 일상생활 보험을 내놓을 계획이다. 이 보험은 카카오 메신저에서 손쉽게 검색과 가입을 할 수 있다.

한화손해보험과 SK텔레콤, 현대자동차가 손잡고 만든 온라인 손 해보험사 '캐롯손해보험'은 빅데이터 분석으로 합리적인 보험료를 산정하고 실제 차량을 운행한 만큼만 보험료를 납부하는 자동차보 험상품과 다양한 생활밀착형 보험을 선보일 예정이다. 국내 최초의 인터넷 전용 손해보험사인 캐롯손해보험은 다양한 사업영역의 디 지털 전환과정에서 발생할 수 있는 리스크를 적극적으로 보장하는 것을 목표로 보험과 이동통신, 자동차 업체가 손잡고 설립했으며, 앞으로 보험과 IT 기술을 융합한 보험상품을 내놓고 있다.

우리은행은 SK텔레콤 이마켓플레이스 11번가와 함께 소상공인 을 대상으로 한 금융서비스를 진행한다. 이 서비스는 온라인마켓 판 매자의 매출채권을 담보로 해당 매출대금을 은행이 선입금하는 공 급망금융(Supply Chain Finance) 대출 상품으로 11번가에 입점한 중 소 판매자를 대상으로 제공한다.

SK텔레콤과 카카오는 2019년 10월 3,000억 원 규모의 지분교 환을 통해 전략적 파트너십을 체결했다. 양 사는 금융 부문의 급격 한 변화에 대응하는 방법으로 협력을 택했다. 향후 서로가 가지고 있는 간편 결제서비스와 금융서비스를 연계하기 위한 전략으로 풀 이된다. 금융 부문에서 국가와 산업 간 경계가 무너지는 상황을 더 이상 한 산업이나 회사가 감당하기 어렵다는 것을 보여주는 사례다.

데이터 3법의 통과로 국내도 금융 선진국처럼 금융-비금융 데이터 결합이 가능하며, 이에 따라 새로운 서비스들이 출현해 금융업 안팎의 데이터 활용에 대한 제한을 빠르게 걷어낼 전망이다.

카드사들은 기존 내부 데이터를 기반으로 제공해 온 상권분석 등 빅데이터 컨설팅 서비스를 다른 금융사, 유통사, IT업체 등의 비금융 데이터와 결합해 분석의 정확도를 높일 수 있고 적용 영역도 넓힐 계획이다.

보험사들은 디지털 채널과 맞춤형 상품을 선호하는 밀레니얼 세대 공략을 위해 핀테크 기업과의 협력을 필수 요소로 보고 있다. 소비자에게 필요한 생활밀착형 헬스케어 서비스나 상품 등을 맞춤형으로 추천하는 모바일 서비스를 출시할 예정이다.

2020년 3월부터 시범운영되는 금융분야 데이터 거래소는 금융기관이 데이터를 거래소에 제공하고 이를 구매한 기업이 자사 사업과의 연계에 활용할 수 있게 된다. 이에 따라 금융-비금융기관 간 별도의 제휴 없이도 다양한 상품과 서비스가 출현할 것으로 전망된다.

완성차 제조업에서 모빌리티 서비스 산업으로의 재편

자동차산업은 과학 기술의 발전으로 끊임없이 진화해 왔으나 최근 디지털, 통신 및 반도체 기술의 발전 그리고 수퍼컨슈머의 개인화 요구가 결합하면서 전례 없는 지형 변화가 나타나고 있다.

특히, 이동성 측면에서 자신에게 최적화된 큐레이션을 원하는 수퍼컨슈머의 특성에 따라 서비스형 모빌리티(Mobility-as-a-Service, MaaS)가 부상하고 있다. 과거 소비자는 목적지까지 이동할 때 개별 이동수단을 활용했으나, 수퍼컨슈머는 목적지까지 적재적소에 있는 교통수단을 활용하며 여러 형태의 차량 공유서비스가 결합한 MaaS 이용을 선호한다.

MaaS가 주목받는 이유는 AI, 센서, 초정밀지도 등 기술의 진화를 통해 자율주행 기술이 빠르게 발전해 서비스 기반이 마련됐고, 소비자는 이동시간을 운전이 아닌 여유시간으로 활용하려는 요구가 높아지고 있기 때문이다. 긱 이코노미 시대 수퍼컨슈머들은 직장의 공간적, 시간적 한계를 벗어나 이동시간 중에 생산성 있는 업무를 할 수 있는 환경을 선호한다.

이동수단의 역할만 수행하던 자동차는 IoT, 5G, 자동결제 등 기술과 접목하여 집과 상점, 다양한 디바이스와 연결성이 강화된 소비 공간으로 바뀌고 있다. 수퍼컨슈머는 앞으로 자동차로 이동하는 동안에도 컨텐츠를 즐기고 편리한 소비를 하는 '카커머스(Car Commerce)'를 형성할 것이다.

'C.A.S.E.'로 인한 자동차산업의 창조적 파괴

자동차와 IT, 서비스 산업이 융합되면서 산업 간 경계가 사라지고 빠르게 모빌리티 산업으로 재편되고 있으며, 이러한 변화에 따라 자동차 업계는 산업의 근간을 변화시키는 C.A.S.E.(Connected, Autonomous, Sharing & Service, Electronic) 4가지 부문에 집중하고 있다.

- **연결성(Connected):** 앞으로 자동차는 다른 자동차 그리고 사물과 연결성이 강화돼 상시 정보를 주고 받으면서 더 빠르고 안전한 길을 찾고, 강화된 인포테인먼트를 바탕으로 쇼핑과 결제까지 가능해진다.
- **자율주행(Autonomous):** 자율주행 도입으로 운전자의 역할이 사라지면서 탑승자는 차량 내에서 다른 활동이 가능하다. 첨단 기술에 의한 이동의 안전성 및 편의성 증대, 이동시간의 생산적 활동 활용 가능 등의 이점이 있으며, 차량 내에서의 여유시간이

소비활동으로 이어질 수 있다.

- **공유와 서비스(Sharing & Service):** 자동차가 소유의 대상에서 공유의 대상으로 소비자의 인식이 바뀌면서, 자동차 업계에서는 플랫폼 상에서 차량을 공유하는 서비스가 중요한 비즈니스 모델이 된다.

- **전기차(Electronic):** 전기차는 기존의 내연기관차보다 친환경적이기 때문에, 정부로부터 보조금 등 다양한 지원을 통해 빠르게 성장할 것이다. 또한 전기모터와 배터리를 중심으로 내부 구조가 단순화되면서 내연기관차 대비 부품이 줄어든다. 여기에 소프트웨어 확장성이 더해지면서 유지보수 비용이 급격하게 줄어들고, 이에 따라 차량관리의 용이성이 크게 증가하면서 자동차 공유서비스 제공이 더 원활해진다.

모빌리티 산업의 확산

전통적으로 자동차산업은 대규모 장치 산업이다. 하지만 미래 자동차산업은 공유와 구독 같은 '차량 이용(Car Usage) 서비스' 그리고 결제와 인포테인먼트, 자동 주차 등 부가가치 서비스를 포함하는 '모빌리티 산업'으로 확장된다. 차량을 제조하는 하드웨어 생산 중심에서 디지털 기술을 자동차에 결합해 효율과 편의성을 높인 모빌리티 사업으로 바뀌면서 소프트웨어, 서비스가 중요해진다.

모빌리티 산업의 밸류체인

■ 전통적 사업영역　■ 신규 사업영역

Manufacturing	Distribution	Car Usage	Value-Added Service	
완성차 OEM	**Fleet Operation** Fleet 공급 (운용리스) Fleet 관리	**Mobillity Service** Ride Hailing Ride Sharing Car Sharing(B2C) Car Sharing(C2C)	**Finance/Payment** 차량 페이먼트 로열티 프로그램 Insurance 2.0	**Infra** 전기차 충전 플랫폼 주차 솔루션 Multimodal Transport
Parts Powertrain Chassls AVN HVAC	**Dealership** 판매 **Direct Channel** 온라인 판매 CPO*	**Rent-a-Car** 구독서비스 장기 렌트 단기 렌트 리스 **Buy-a-Car**	**Infotainment** 경로안내/네비게이션 컨시어지 라이프스타일 정보제공 멀티미디어	**Mobility-Based Service** On-demand 딜리버리 라스트마일 배송

*Certified Pre-Owned

세계 모빌리티 산업은 2015년 약 3조 5,000억 달러 규모에서 2030년 약 6조 7,000억 달러 규모로 91% 성장할 전망이다. 같은 기간 동안 전통 제조/판매 시장은 45% 성장하는 반면, 모빌리티 서비스 시장은 약 50배 성장이 전망된다.

모빌리티 산업은 기존 자동차 제조업체보다 새로운 기술에 익숙한 스타트업, IT기업 등 신규 진입자가 주도하고 있다. 이에 조

모빌리티의 생태계 투자 현황

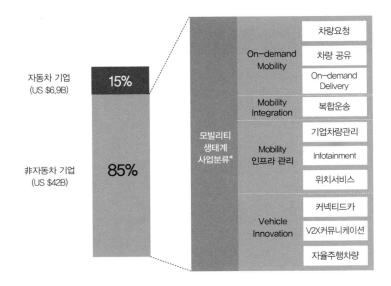

*EY Analysis, 250개 글로벌 모빌리티 Player 대상 조사. 신규 사업 영역(2016)

직의 인력과 자원이 제조와 유통에 집중된 기존 자동차 제조업체들은 생존에 큰 위협을 받고 있다. 실제 최근 5년간 모빌리티 업계의 투자 현황을 보면, 자동차 기업에 대한 투자가 15%에 불과하였고, 나머지는 플랫폼 구축과 기술개발 등 비(非) 자동차 기업에 투자되었다. 이는 모빌리티 산업에서 자동차의 생산 및 제조에 대한 기대가 상대적으로 크게 낮아졌음을 의미한다.

MaaS
시대의 개막

01

소유에서 사용으로.
MaaS의 확산

_____ 세계적으로 차량에 대한 소비 인식은 '소유(Owner-ship)'에서 공유와 구독을 기반으로 한 '사용(Usership)'으로 전환되고 있다.

미국의 우버와 리프트, 중국의 디디추싱 등 세계적인 차량 공유 기업들은 소비자에게 이동 편의성과 경제성을 동시에 제공하면서 빠르게 성장하고 있다. 이들을 중심으로 세계 차량 공유시장은 2015~2024년까지 연평균 22%의 높은 성장세를 이어갈 것으로 예상된다.

세계 차량 공유시장 규모 추이

(단위 : 1억 USD)

연도	2015년	2020년	2024년	CAGR(%)
시장 규모	11	35	65	21.8

(단위 : 1억 USD)

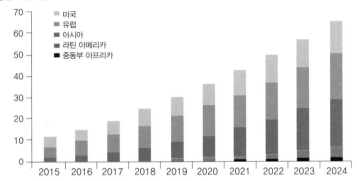

우버와 자동차 제조회사의 기업가치

순위	회사	시가총액($억, 2020.1)
1	도요타	2,339
2	테슬라	1,020
3	폭스바겐그룹	976
	우버	638
4	다임러그룹	536
5	혼다	498
6	BMW	495
7	GM	490

실제 우버의 기업가치는 일부 우려에도 불구하고 자동차 제조업체 중 세계 3위인 폭스바겐 다음으로 높은 시가총액을 기록하고 있다.

우리나라 차량 공유서비스도 쏘카, 그린카 등 주요 기업을 중심으로 지속 성장할 것으로 전망된다. 한국과학기술정보원구원에 의하면, 2011년 6억 원이었던 국내 차량 공유시장은 2018년 2,250억 원, 2020년에는 약 5,000억 원 시장으로 빠르게 성장할 것으로 예상된다.

자동차 부문에서 공유서비스가 확산되는 가운데, 여러 교통수단을 연계해 최적의 이동 경험을 제공하는 서비스형 모빌리티(Mobility-as-a-Service, MaaS) 도입이 본격화되고 있다. MasS는 버스, 지하철, 차량 공유 및 자전거 공유 등 교통수단별로 존재했던 서비스들을 하나의 플랫폼에서 이용할 수 있도록 통합한다. 즉, 각 교통수단에 대한 정보, 지도, 노선 확인은 물론 검색, 예약, 결제까지 하나의 앱에서 수행할 수 있는 원스탑 서비스가 가능해진다.

세계의 주요 자동차 업체와 부품업계는 CES 2019에서 자동차산업의 핵심 주제로 'MaaS'를 꼽았으며, 이는 모빌리티 시장이 '차량 공유'를 넘어 'MaaS'로 전환되고 있음을 보여준다.

또한 MaaS는 도시의 교통체증과 주차 문제 등의 교통혼잡 문제를 해결해 주는 솔루션이다. MaaS는 도시 단위의 대중 교통수단과 교통 인프라의 통합관리가 필요해 공공기관이 주도적으로 진행하고 있으며, 다른 일반적인 산업과 달리 도시개발사업, 공공사업 성격이 강하다.

최초로 MaaS가 도입된 스웨덴에서도 지방자치단체가 프로젝트를 진행하였다. 스톡홀름시는 개인용 차량을 줄여 교통 체증을 해소하면서 환경오염을 줄이기 위해 MaaS를 개발했다. 서비스 이용자는 MaaS 앱 '유비고(UbiGo)'를 통해 대중교통, 카풀, 렌터카, 자전거로 이동할 수 있다. 이처럼 정부가 주도하여 사업을 추진하고 민간기업의 참여를 촉진하면서 MaaS 생태계가 점차 확대되고 있다.

MaaS가 실현되기 위해서는 충분한 규모의 사용자가 확보된 플랫폼이 있어야 하며, 동시에 최적의 이동솔루션을 제공하는 기술력이 갖춰져야 한다. MaaS를 위해 필요한 환경은 크게 3가지로 구분된다.

첫째, 사용자들이 스마트폰을 활용해 접근할 수 있는 모바일 형태의 플랫폼이 필요하다. 독립적이던 여러 서비스가 결합하여 운영되기 위해서는 규모의 경제 달성을 통해 운영 효율성이 극대화되어야 한다. 플랫폼을 유지할 수 있을 만큼 사용자가 확보되면 서비스의 선순환 구조가 정착된다.

둘째, MaaS에 활용되는 이동수단은 민간기업 또는 공공기관이 독자적으로 확보하기 어렵기 때문에 다양한 주체 간 협업을 통해 규모와 다양성을 갖춰야 한다. MaaS 이용 고객의 시간 효율성 극대화 및 이용 만족도 향상을 위해서는 버스, 지하철, 자동차 환승, 정거장의 자전거 및 승차공유 공간 등 서로 다른 교통 서비스들 간의 유기적 환승을 가능하게 하는 물리적 인프라와 시스템 통합이 필요하다.

마지막으로, 소비자에게 최적화된 이동 경로를 추천할 수 있는 솔루션과 인프라 관점에서 교통 흐름을 최적화하는 서비스 사업자 중심의 솔루션이 확보되어야 한다. MaaS는 고객 입장의 솔루션과 인프라 관점의 솔루션의 상호작용에 기반해 최적의 이동 방안을 제안할 수 있어야 한다.

완성차 업체의
MaaS 플랫폼 구축 경쟁

─────── 자동차 제조기업들은 모빌리티 시장에서의 주도권 확보를 위해 MaaS를 경쟁적으로 구축하고 있다. MaaS 플랫폼은 다양한 이종 사업자들이 대규모로 참여하기 때문에 구축 형태에 따라 크게 3가지 유형으로 구분할 수 있다.

독자적 구축: 자동차 업체가 독자적으로 플랫폼을 구축해 빠른 속도로 시장 선점하는 방식.

독자적 모델은 초기 사업이 자리잡는 데 어려움이 있지만 자체적으로 서비스를 진행하기 때문에 외부 위험요소 없이 진행할 수 있다.

독자적 구축을 실시한 대표적인 사업자는 미국 자동차 업체인 포드다. 포드는 2016년 모빌리티 플랫폼 '포드 패스(Ford Pass)'를 시작하면서 카쉐어링과 주차공간 정보를 제공한다. 스마트폰 앱에서 예약과 이용, 결제 전 과정을 한 번에 진행할 수 있다.

또한 독일 자동차 업체인 폭스바겐(Volkswagen)은 2018년 '모이아(Moia)' 앱을 출시했다. 모이아는 승합차 합승공유서비스다. 현재 독일 하노버와 핀란드 헬싱키에서 시범운영 중이며 이후 일반 승용차와 택시, 바이크, 자전거 등으로 이동 수단을 확대할 계획이다.

경쟁사 협업: 동종업계 간의 협업을 통해 시너지를 내고 고객 저변을 확장하는 방식.

경쟁사 협업은 적을 친구로 만드는 '프레너미(Frenemy)' 전략을 통해 역할을 분담하고 단기간 내에 사업을 확장할 수 있다는 장점을 가지고 있다.

BMW와 다임러(Daimler)는 2018년 합작사 '저비(Jurbey)'를 설립했다. 자동차 업계에서 경쟁을 벌여온 양 사는 각각의 모빌리티 서비스 사업부들을 통합했으며, 이를 통해 소비자들은 단일 앱으로 두 업체의 서비스를 편리하게 사용할 수 있게 됐다. 예를 들어, 저비 사용자는 주차공간 예약을 위해 다임러의 파크모바일(ParkMobile)과 BMW의 파크나우(PARK NOW) 서비스를 이용할 수 있으며, 다임러와 BMW가 보유하고 있는 도합 14만 3,000개에 달하는 전기차 충전소를 사용할 수 있다.

이종 사업자와 제휴: IT기업과의 제휴를 통해 상호 필요한 기술력을 확보하는 방식.

자동차 업체들은 IT기업과 제휴를 통해 각각의 장점을 살려 경쟁력 있는 MaaS를 구현할 수 있다. 자동차 업체는 차량 제조 역량과 딜러, 정비 네트워크, 차량 운행 데이터 확보에서 강점을 가지고 있고, IT업체는 자체 보유한 고객 데이터, 데이터 분석 역량에서 강점을 가지고 있어 서로의 역량을 효과적으로 결합한 MaaS를 만들 수 있다.

일본의 자동차 업체인 도요타(Toyota)는 2018년부터 동남아시아 대표 차량 공유서비스인 그랩(Grab)과 협력하고 있다. 싱가포르에서 운용되는 그랩 소유의 1,500대 도요타 차량을 대상으로 차량관리서비스를 제공한다. 이는 차량 전반을 원격으로 모니터링하고 관리할 수 있게 하기 위해 운행 관련 데이터를 수집하고 분석하는 서비스이다. 그랩은 이 서비스를 이용하여 얻은 데이터를 차량 유지보수 및 안전장치 개선, 사고관리 등에 적용하고 있으며, 효율적인 차량관리로 차량 보험료를 낮추는 데에도 활용하고 있다.

모빌리티 업체의 마이크로 모빌리티
주도권 쟁탈

─────── 자동차 제조업체가 MaaS 주도권 확보를 위해 플랫폼 구축에 집중하고 있다면, 관련 스타트업, IT기업들은 서비스 지역과 대상의 확대에 집중하고 있다.

이들 기업들은 도시의 대중교통 인프라가 커버하지 못하는 사각지대를 공유 자전거, 스쿠터, 전동킥보드 등 소형의 단거리 이동수단인 마이크로 모빌리티를 통해서 해결하고 있다.

미국의 우버와 리프트는 공유자전거 스타트업인 점프바이크 (Jump Bikes), 모티베이트(Motivate)를 각각 2억 달러와 2억 5,000만 달러에 인수했다. 이 회사들은 차량 이동이 불가능한 구간을 공유 자전거를 통해 보완함으로써 자사 플랫폼의 서비스 지역을 확대하고 있다.

자율주행 마이크로 모빌리티의 등장

기존 교통수단을 이용할 수 없거나 수익성이 떨어지는 도심 외곽 지대에 자율주행 마이크로 모빌리티가 도입되고 있다. 자율주행 이동 수단은 인건비와 유지비를 줄이면서 효율적으로 운영할 수 있어 제한된 구간을 순환하며 기존 교통수단을 대체하는 용도로 활용된다.

스위스 스타트업 베스트마일(Bestmile)은 스위스 프리부리그, 미국 플로리다 등에서 자율주행차량을 운영하고 있다. 이 자율주행차량은 일반적인 도로가 나지 않은 구간을 규칙적으로 순환하여 이동성을 제공한다.

우버(Uber)는 헬리콥터 제조사 벨(Bell)과 손잡고 하늘을 나는 택시 '벨넥서스(Bell Nexus)'를 2020년 출시할 예정이다. 활주로 없이 수직이착륙이 가능한 벨넥서스는 헬기나 비행기와 달리 소음이 적어 도심 교통수단으로 활용될 수 있다. 2023년부터 미국 LA, 텍사스, 댈러스에서 벨넥서스를 이용한 택시 서비스 '우버 에어'를 시작할 계획이다.

자율주행차 시장 주도를 위한 글로벌 기업들의 각축

02

모빌리티 산업의 핵심이 되는
자율주행차 시장

─────────── 미국의 시장조사업체 얼라이드마켓리서치(Allied Market Research)에 따르면, 세계 자율주행 자동차 시장은 2019년 54억 2,300만 달러에서 연평균 39.5%씩 성장해 2026년에 556억 6,700만 달러에 달할 것으로 예상된다.

이런 큰 성장성이 전망되는 이유는 자율주행차가 미래 모빌리티 산업의 급격한 변화와 발전을 가지고 올 것으로 예상되기 때문이다. 자율주행차량은 교통흐름을 효율적으로 운영할 수 있어 에너지 절약에 기여하고 노인, 아동, 장애인 등 운전을 할 수 없는 이들에게도 이동권을 보장해 준다. 이외에도 장시간 운전으로 발생하는 피로감을 없앰으로써 교통사고의 위험을 크게 줄일 수 있는 등 기존 자동차에서 발생했던 문제를 상당수 해결할 수 있다.

자율주행차 시장의 특징

자율주행차 시장은 다음과 같은 주요 특징들을 가지고 있다.

- **최신 기술의 집합체**: 자율주행차량은 AI, 센서, IoT, 5G 등의 미래 기술들이 집적되어 있으며, 이는 기존의 자동차 유관 산업뿐 아니라 통신, 반도체, SW 등의 산업의 성장을 견인할 수 있는 원동력이 된다.
- **공유경제의 가속화**: 차량 공유서비스 공급자의 입장에서는 차량 유지비와 운영비가 급격히 감소하고 운전자에 대한 인건비가 사라짐에 따라 진입장벽이 낮아지며, 공유경제 활성화로 소비자들은 차량 소유 비용을 절감할 수 있다.
- **교통의 최적화**: 자동차나 사물과 통신하여 운행함으로써 사고를 예방할 수 있으며, 도시 관점에서 교통 흐름을 최적화하기 때문에 전체적으로 혼잡도를 낮출 수 있다.
- **데이터의 보고**: 자율주행차의 센서와 통신 시스템을 통해 주행 중에 방대한 양의 데이터가 생성되며, 이 데이터를 차량 시스템과 서비스 개선 및 확장을 위해 중요하게 활용될 수 있다.
- **부가 모빌리티 서비스의 확산**: 탑승자가 직접 운전하지 않기 때문

에 이동시간에 다양한 소비 활동이 가능하며, 이에 따라 새로운 비즈니스 모델들이 다양하게 등장할 수 있다.

자율주행 시장은 아직 초기 단계이나 앞으로 기술의 발전과 비례해 빠르게 성장할 것으로 전망되고 있다. 자율주행 기술은 단순히 자동차를 포함한 이동수단 등에 적용되는 기술이 아닌 경제 및 사회 문화에 중대한 영향력을 미칠 것으로 예상되는 부문이다. 이 때문에 자동차 기업뿐 아니라 글로벌 IT기업들도 자율주행 시장 잠재력을 보고 주도권 경쟁에 뛰어들고 있다.

자율주행차 발전 단계

미국 자동차공학회(Society of Automotive Engineers, SAE)는 자율주행 발전 수준을 6단계로 구분하고 있다. 현재 자율주행 기술의 개발 수준은 레벨 0~5의 총 6단계 중 조건부 자동화가 가능한 레벨 3 수준에 와 있으며, 2025년 이후 완전 자율주행 기술이 상용화되는 수준에 도달할 것으로 예상되고 있다.

- 레벨 0: 비자동화(1980년 이후)

  자율주행 시스템 없음

  운전자가 차량을 완전히 제어해야 하는 단계
- 레벨 1: 운전자 보조(2007년 이후)

  방향, 속도 제어 등 특정 기능의 자동화

자율주행차 발전 단계

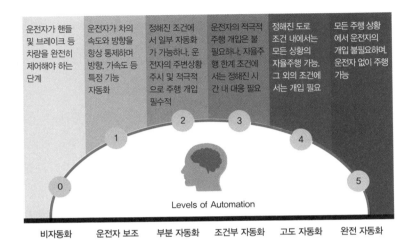

| 운전자가 핸들 및 브레이크 등 차량을 완전히 제어해야 하는 단계 | 운전자가 차의 속도와 방향을 항상 통제하며 방향, 가속도 등 특정 기능 자동화 | 정해진 조건에서 일부 자동화가 가능하나, 운전자의 주변상황 주시 및 적극적으로 주행 개입 필수적 | 운전자의 적극적 주행 개입은 불필요하나, 자율주행 한계 조건에서는 정해진 시간 내 대응 필요 | 정해진 도로 조건 내에서는 모든 상황의 자율주행 가능. 그 외의 조건에서는 개입 필요 | 모든 주행 상황에서 운전자의 개입 불필요하며, 운전자 없이 주행 가능 |

Levels of Automation

| 비자동화 | 운전자 보조 | 부분 자동화 | 조건부 자동화 | 고도 자동화 | 완전 자동화 |

운전자는 차의 속도와 방향을 항상 통제

● 레벨 2: 부분 자동화(2014년 이후)

고속도로와 같이 정해진 조건에서 차선과 간격 유지 가능

운전자는 항상 주변상황 주시하고 적극적으로 주행에 개입

● 레벨 3: 조건부 자동화(2018년 이후)

정해진 조건에서 자율주행 가능

운전자는 적극적으로 주행에 개입할 필요는 없지만 자율주행 한계 조건에 도달하면 정해진 시간 내에 대응해야 함

● 레벨 4: 고도 자동화(2021년 이후)

company	2018	2019	2020	2022	2030
			자율주행 타임라인		
Audi	Level 3		Level 4		Level 5
Baudu		Level 3		Level 4	
BMW	Level 2			Level 3/4	Level 5
Daimler	Level 2	Level 3		Level 4	Level 5
FCA				Level 3/4	
Ford	Level 2			Level 4	
GMi	Level 2		Level 4		
Lyft				Level 4	
Renault/Nissan	Level 2		Level 3		Level 5
Tesla	Level 2		Level 4		
Uber			Level 4		
Volvo	Level 2		Level 4		
VW	Level 2			Level 4	Level 5
Waymo	Level 3				Level 5

정해진 도로 조건의 모든 상황에서 자율주행 가능

그 밖의 도로 조건에서는 운전자가 주행에 개입

● 레벨 5: 완전 자동화(2025년 이후)

모든 주행 상황에서 운전자의 개입 불필요

운전자 없이 주행 가능

주요 자율주행 기술업체들이 공개한 개발 계획에 따르면, 2020년부터 미국의 GM, 테슬라, 우버와 독일의 아우디, 스웨덴의 볼보 등이 레벨 4 이상을 적용한 자율주행차량을 선보일 것으로 보인다.

주도권 선점을 위한
합종연횡

자율주행차 컨소시엄

다른 산업과 마찬가지로 글로벌 자율주행차 시장에서도 빠른 주도권 확보를 위해 경쟁사 간 또는 이종사업자 간 합종연횡이 나타나고 있다. 자율주행차량 개발은 하드웨어 개발뿐만 아니라 정교한 소프트웨어와 통신기술, 서비스까지 포함한 폭넓은 연구가 필요하다. 그래서 자동차 업체들은 데이터와 기술력 확보를 위해 다른 자동차 업체나 IT업체와 컨소시엄을 구성하고 있다.

따라서 자율주행차 시장 내에서 개별 기업 간이 아닌 컨소시엄 간의 치열한 경쟁이 발생하고 있으며, 현재 두각을 나타내고 있는 주요 컨소시엄은 아래와 같다.

1. 미국 구글 모회사 알파벳(Alphabet)의 자율주행차 개발 자회사인 웨이모(Waymo)와 FCA(Fiat Chrysler Automobiles), 재규어(Jaguar), 일본의 닛산(Nissan), 미쓰비시(Mitsubishi), 프랑스의 르노(Renault) 등의 연합 진영

2. 독일의 BMW, 다임러(Daimler), 아우디(Audi) 등 3사 연합 진영

3. 일본의 소프트뱅크(Softbank), 도요타(Toyota), 혼다(Honda), 스바루(SUBARU), 미국의 GM 등의 연합 진영

4. 한국 현대차그룹, 미국의 자율주행 기술개발 기업 앱티브(Aptiv)

5. 중국의 바이두(Baidu), 디디추싱

하지만 이들 기업들은 자율주행차량 컨소시엄과 별도로 특정 서비스나 표준과 관련된 협력도 하고 있어 앞으로도 다양한 형태로 결합이 예상된다. 2019년 GM과 도요타는 반도체 기업인 미국의 엔비디아, 네덜란드의 NXP, 영국의 CPU 개발사 Arm, 그리고 자동차 부품기업인 독일의 보쉬와 컨티넨탈, 일본의 덴소와 자율주행차 공통 컴퓨팅 개발을 위해 AVCC(Autonomous Vehicle Computing Consortium)를 출범했다. 이들 기업들은 자율주행차량 개발에 필요한 정보를 공유하고 공통적으로 겪는 기술적 어려움 극복을 위해 협업할 예정이다.

IT기업이 선도하는 자율주행 시장

글로벌 IT기업들은 자신들의 기술 및 데이터를 바탕으로 적극적으로 자율주행차량 개발에 나서면서 미래 자율주행차량 시장 선점을 위한 움직임을 보이고 있다.

미국의 테슬라(Tesla)는 2019년 미국 캘리포니아주에서 열린 투자자 대상 공개 행사에서 완전 자율주행에 대한 계획을 공개했다. 테슬라가 개발하는 자율주행차량은 이전 세대의 자율주행차량 대비 7배 가량 뛰어난 성능을 지닌 컴퓨터가 내장되어 있으며, 그 안에는 두 개의 메인 칩셋이 탑재돼 하나의 칩에 이상이 발생해도 나머지 하나가 대응할 수 있도록 안전하게 설계됐다. 차량 전체에 총

8개의 카메라가 설치되어 있어 도로 표지판, 보행자 등 정확하게 사람과 사물을 인식한다. 테슬라는 2020년에 약 100만 대의 자율주행차량을 출시할 계획이다.

구글 모기업 알파벳(Alphabet)의 자율자동차 부문인 웨이모(Waymo)는 2018년 미국 애리조나에서 세계 최초로 자율주행차 상용 서비스를 시작했다. 사용자는 우버나 리프트처럼 스마트폰앱으로 웨이모 자율주행차량을 호출해 이용할 수 있다. 웨이모는 미국 디트로이트에 자율주행 레벨 4 수준 차량을 생산하는 시설을 구축하고 2022년까지 자율주행차 2만여 대를 생산할 계획이다.

자율주행 기술을 위한 데이터 확보 전쟁

자율주행은 급변하는 도로상황에 대응하기 위해 빅데이터를 수집, 분석할 수 있는 정교한 알고리즘이 필요하다. 이 때문에 자율주행 사업의 성공은 도로 및 주행 데이터 확보와 직결되어 있다. 자율주행은 도로상의 정보뿐 아니라 돌발 상황 등 각종 변화되는 상황에 맞춰서 작동해야 한다. 이 과정에서 다양한 상황을 정확히 판단할 수 있도록 충분한 데이터가 필요하다.

웨이모는 2009년부터 10여 년간 25개 도시 시범서비스를 하며 1,000만 마일이 넘는 주행기록을 보유하며 데이터를 확보했다. 웨이모가 2018년에 자율주행으로 달린 거리는 약 120만 마일(193만 km)로 전년 대비 3배이며, 현재는 지금까지도 지속적인 주행을 통해 더 많은 데이터를 수집하고 있다. 웨이모는 축적한 데이터를 기반으로 후속 자동차 업체들과 기술 격차를 벌리고 있다.

미래 자동차산업 내 경쟁구도 전망

현재 자율주행차 산업은 차량 소프트웨어 개발업체가 하드웨어 제조업체와 같이 경쟁하는 구도를 보이고 있다. 그러나 장기적으로는 소프트웨어를 보유한 기업이 하드웨어 완성차업체 및 부품업체에게 하청하는 방식을 취할 것으로 전망된다.

자율주행차량 등장은 기존의 완성차 업체와 부품업체의 수직계열화 구조가 소프트웨어 개발업체 중심의 수평적 구조 혹은 소프트웨어 개발업체가 공급망의 최상위를 차지하는 새로운 수직적 구조로 개편됨을 의미한다.

자율주행차량의 경쟁력은 하드웨어가 아닌 자율주행 알고리즘을 탑재한 소프트웨어와 서비스다. 이 때문에 미래의 자동차 시장은 자율주행 소프트웨어를 보유한 기업이 자동차 공급망의 최상위에 위치하고, 차체는 모듈화 돼 소프트웨어 업체의 하청, 주문제작 방식으로 만들어지는 형태로 바뀌게 될 전망이다. 현재 시장 최상위 업체를 노리고 있는 구글, 애플 등의 IT기업들은 자율주행 솔루션을 확보한 뒤 차량 제조는 완성차 업체에 하청을 주는 형태의 사업모델을 추진하고 있다.

또한 최근 자동차 업체, IT기업, 부품사 등 주요 기업들이 빠른 자율주행차 상용화를 목표로 주행 데이터와 기술 확보를 위해 서로 협력하며 기술개발을 진행 중이지만, 완전 자율주행차 기술이 실현

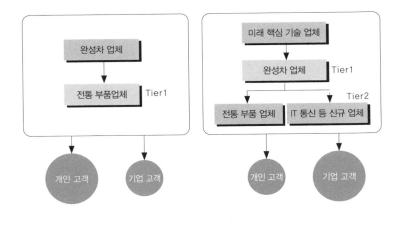

되면 기술 소유권 문제로 협력 구도가 깨질 가능성이 높다.

또한 MaaS가 확산되면서 대부분 차량의 소유권이 개인에서 기업으로 바뀌게 된다. 따라서 자동차 판매시장도 개인 중심에서 B2B 중심으로 변화하면서 주요 구매층이 될 차량 공유 플랫폼의 영향력이 강해질 것이다. 이에 자동차 업체들은 독자적인 또는 협력에 기반한 차량 공유 플랫폼 확보를 위해 나서고 있다.

자율주행 기술이 변화시키는
미래 시장

_____ 자율주행 기술의 발달과 MaaS 트렌드가 결합되어 나타날 가장 큰 변화는 '모빌리티 서비스의 보편화'다. 그동안 모빌리티 서비스 이용이 어려웠던 계층까지 접근성이 확대되고, 이동 비용의 감소 등이 실현된다.

특히, 대표적인 이동 소외 계층인 노인, 어린이, 장애인 등의 이동이 활발해진다. 이러한 비운전자 계층의 이동 확대로 인해 자동차 주행거리는 약 14% 가량 증가할 것으로 예상된다. 이는 연간 총 주행거리(Vehicle Miles Traveled, VMT)가 3,000억 마일(약 4,828억 km)까지 증가함을 의미한다.

자율주행이 상용화되면 이동에 필요한 비용이 감소된다. EY 연구에 따르면, 현재 1마일을 이동하는 데 필요한 비용은 약 1.61달러지만, 자율주행차량을 활용하면 0.73달러로 줄어들어 55% 가량의 비용이 절감되는 효과가 발생한다. 이러한 비용 감소는 운전자에 대한 인건비 제거, 차량 구매 및 유지관리 비용과 보험 비용, 에너지 비용 등의 효율화를 통해 달성된다.

자율주행 기술의 상용화는 다양한 연관 산업에 영향을 미치며, 이를 통한 경제적, 사회적 이익은 2050년까지 연간 8,000억 달러에 달할 것으로 전망된다. 자율주행 기술로 얻게 되는 파급효과는 부동산, 보험, 자동차 수리, 물류 등 다양한 부문에서 발생할 것으로 기대된다.

자율주행 무인 택시를 통한 이동이 보편화되면 도시 부동산 면적의 50%를 차지하는 주차장의 수요가 줄어든다. 따라서 기존에 주차장이었던 공간들은 새롭게 수입 창출이 가능하도록 바뀔 수 있다. 보험의 경우 자동차 간 상호 통신으로 교통사고 발생률을 급감시켜, 2035년경에는 지급 보험료를 현재의 12.5% 수준까지 감소시킬 것으로 전망된다. 또한 육상 물류 비용의 45%를 차지하는 운전사 인건비가 획기적으로 절감되어 결과적으로 물류비를 크게 낮출 것이다.

　자율주행 기술은 차량 내 이동시간을 여가시간으로 바꾼다. 차량 내 AR과 VR 등을 활용한 게임, 컨텐츠 산업이 성장할 것으로 전망되며 이 시장은 연간 1,000억 달러 이상을 기록할 것으로 전망된다.

　자율주행차량은 자동차뿐 아니라 연관된 산업 그리고 사회까지 큰 변화를 불러일으킬 것으로 예상되는 가운데 '자율(Automated)'이라는 특성이 가지는 본질적인 문제점에 대한 대비가 필요하다.

　우선 자율주행과 관련해 운행 기준이 제대로 확립될 필요가 있다. 자율주행 중에 돌발상황이 발생했을 경우 우선순위를 어디에 둘 것인지, 사고가 발생했을 때 법적 책임의 범위와 주체를 어떻게 정할지에 대해 국가와 기관별로 입장이 충돌하고 있다. 이 때문에 자율주행차량 자체의 기술 수준이나 안전성과 별도로 잠재적으로 발생할 수 있는 문제를 다각적인 관점에서 점검하고 자동차 업체를 포함한 시장 참여자들의 충분한 논의를 통해 사회적 합의가 도출되어야 한다.

이를 위해 현재 국가와 기관, 자동차 업체별로 다른 자율주행 운행 기준을 우선 명확하게 할 필요가 있다.

소비자들은 AI, 로봇 등 디지털 기술이 만들어낸 정보에 결함이 없고 객관적이라고 판단하는 '자동화 편향(Automation Bias)'을 가진다. 이 때문에 자율주행차량을 운행하는 소비자는 해당 차량에 적용된 기술이 완벽하게 작동해 자신을 안전하고 효율적으로 목적지까지 이동해 줄 것으로 믿고 맡기게 된다.

하지만 자율주행의 불완전성이 드러나는 상황이 발생하면 기존의 신뢰는 무너지며 오히려 부정적인 이미지가 만들어진다. 일례로 2015년 구글은 사진에서 사물을 자동으로 인식할 수 있는 '구글 포토'를 선보였지만 일부 흑인을 고릴라로 인식해 큰 도덕적 비난을 받았고, 결국 관련 서비스를 중단했다.

자율주행은 사람 운전 대비 사고 발생 가능성이 실제로 낮음에도 불구하고, 자칫 예기치 못하게 소비자들 사이에서 부정적 인식이 확산되면 자율주행 서비스가 빠르게 신뢰를 잃을 가능성이 있다. 따라서 기업들은 소비자들의 이러한 반응까지 대비하여 기술적인 완벽성을 추구하면서 별도로 소비자에게 해당 기술이 어떻게 인식될 수 있는지까지도 고려하여 서비스를 출시하여야 한다.

쇼핑과 엔터테인먼트의 공간으로 변하는 모빌리티

03

이동시간 활용 극대화를 위한
편의 및 부가서비스

_____ 자율주행차 시대가 열리면서 탑승자의 여유시간이 증가함에 따라, 탑승자들은 차량 내에서 쇼핑, 영화 감상, 식사, 수면 등 다양한 서비스를 이용할 수 있게 된다. 달라진 차량 내 환경에 따라 차 안에서 새로운 서비스로 가치를 창출하는 승객경제(Passenger Economy)가 형성될 것으로 전망된다.

승객경제는 완전 자율주행차량이 등장하여 차량 탑승 승객이 새로운 소비층으로 부상하면서 만들어지는 사회경제적 가치를 말한다. 승객경제를 통해 차량의 기능이 이동에서 소비로, 더 나아가 라이프스타일을 누리는 공간으로 변화할 수 있는 것이다. 미국의 시장조사업체 스트래티지애널리틱스(Strategy Analytics)는 승객경제 시장이 2050년까지 약 7조 달러 규모로 성장할 것으로 전망하고 있다.

새로운 승객경제 시대에 대응하기 위해 자동차 업계는 차량 내부에서 즐길 수 있는 컨텐츠와 자율주행차량에 특화된 서비스를 개발하고 있다.

일본의 자동차 제조업체인 혼다는 2019년 CES에서 차량 내 예약, 결제서비스 '드림드라이브(Dream Drive)'를 공개했다. 드림드라이브는 레스토랑 예약, 공연 티켓 구매, 유료 주차장이나 주유소에서의 결제를 차량 내에서 할 수 있는 서비스다. 혼다는 비자, 마스터카드, 페이팔 등과 협력하여 신용카드 없이 차량 내에서 간단히 결제를 할 수 있게 했다.

독일의 아우디는 차량 내에서 VR 경험을 할 수 있는 홀로라이드(Holoride) 서비스를 CES 2019에서 공개했다. 홀로라이드는 차량 움직임이 가상세계에서의 체험에 반영되도록 VR 4D 기술을 적용했다. 아우디는 홀로라이드 서비스를 다른 자동차 업체와 게임 개발사가 이용할 수 있도록 오픈 플랫폼으로 제공할 예정이다.

자동차가 사람들의 생활을 바꾼 것처럼 새롭게 등장할 MaaS와 자율주행차량은 이동의 개념을 새로운 차원으로 전환시킬 것이다. 도로와 자동차의 활용성은 최대한으로 확장되고, 자동차 사고로 인한 인명과 재산 피해는 최소화된다. 기존 자동차산업에 종사했던 인력은 새로운 형태로 재배치될 것이다.

이런 변화에 대응하기 위해 자동차 업계는 제조와 판매 중심의 사업모델을 관련 업계와 협력하여 지속가능한 서비스 형태로 재편해야 한다. IT기업들은 자율주행차량 등장을 새로운 사업기회로 삼아 핵심 소프트웨어 개발과 플랫폼 구축 그리고 자율주행차량에서 활용할 수 있는 새로운 서비스와 컨텐츠 개발에 관심을 가져야 한다.

모빌리티 산업으로 재편을 준비하는 국내 자동차산업

MaaS 플랫폼
구축

Embryonic	Emerging	Outstanding

_____ 최근 자동차 업계는 모빌리티 서비스를 하나로 통합하는 MaaS 플랫폼 구축에 사활을 걸고 있다. 북유럽 선진국을 중심으로 진행되는 MaaS는 이동수단을 통합 관리해 실시간 상황에 따라 최적의 교통 수단을 이용자에게 제안해 교통 혼잡 문제를 해결할 수 있다. 하지만 우리나라는 MaaS 구축과 운영에 대한 논의가 정부 및 일부 지자체 중심으로 진행되는 단계로 선진국 대비 더딘 편이다.

MaaS는 2013년 스웨덴에서 세계 최초로 시행된 후 핀란드, 독일, 오스트리아 등 유럽을 중심으로 확산되고 있다. MaaS는 소비자의 대중교통 사용을 유도하고 교통체증을 줄여 도로와 이동수단의 효율성은 높이면서, 동시에 배기가스 배출도 낮출 수 있다. 이에 우리나라 정부도 해외 MaaS 운영 모델을 참고해 2018년 '스마트 모빌리티 서비스 지원을 위한 통합결제 기술개발 및 시범운영'에 착수했으며, 2019년 제주도에서 버스, 철도, 자전거 등 대중교통의 연계성과 정보제공 통합성 강화를 위한 실증사업을 추진하고 있다. 정부는 해당 사업을 통해 '예약부터 결제까지' 가능한 교통수단 통합결제 방안을 마련할 계획이다.

우리나라의 IT 기술력은 세계적인 수준이지만, MaaS에 대해서는 정부과 기업들의 인식과 대응이 늦어지면서 선진국에게 뒤쳐지고 있다. MaaS는 다른 IT 분야와 달리 특정 사업자나 기관이 아닌 정부가 중심이 돼 대중교통, 모빌리티 플랫폼 사업자, 자동차 제조사 등 이해당사자들을 한 데 모으는 한편, 이들 간의 관계를 조율하고 협의점을 도출해야 하기 때문이다. 또한 국내의 대중교통 통합결제 시스템과 실시간 교통정보 알림 시스템 등의 대중교통 인프라는 이미 세계적인 수준으로 구축되어 있어 상대적으로 소비자들이 MaaS의 필요성을 체감하지 못했다.

해외에서는 자동차 제조업체들이 MaaS 관련된 특화 기능과 전용 차량 개발로 초기 시장 형성에 중요한 역할을 하였으나, 국내에서는 차량 공유에 대한 규제 등으로 관련된 투자가 늦어진 점도 MaaS 도입이 지연된 주요인이다.

이처럼 기업들의 MaaS 대응이 늦어진 것과 달리, 소비자들은 이미 MaaS를 적극적으로 받아들일 준비가 되어 있다. 소비자들은 모바일 플랫폼에 익숙하고, 기존 교통수단보다 효율적이면서 저렴한 서비스는 적극적으로 수용하는 모습을 보인다. 상당수 소비자들은 우버 등 카쉐어링 서비스를 적극적으로 사용하고 있으며, 자동차의 가치에 대한 인식도 바뀌고 있다. 글로벌 시장조사업체 엠브레인의 2018년 조사에 따르면, 자동차를 소유하지 않고 빌려 쓰는 경우가 더 많아질 것이라고 생각한 사람이 전체 응답자의 76.4%에 달했으며, 자동차를 소유해야 만족감을 느낄 수 있다고 답한 사람은 41.6%에 불과했다. 이 같은 결과는 자동차에 대한 가치관이 소유에서 공유로 바뀌고 있음을 보여준다.

우리나라에서 MaaS에 대한 논의는 늦어진 반면 MaaS 도입을 위한 기반은 이미 마련돼 있다. 2004년부터 전국 광역 지자체에서 대중교통 통합요금제를 실시했으며, 버스와 지하철, 공유자전거나 킥보드 같은 마이크로 모빌리티 서비스도 제공돼 MaaS에 필요한 실시간 위치 정보 등 관련 정보가 확보돼 있다. MaaS를 완성하는 마지막 단계인 마이크로 모빌리티는 초기 지방자치단체를 시작으로 민간 사업자들이 연이어 뛰어들면서 2016년 약 6만 대에서 2022년 20만 대 이상으로 확대될 것으로 예상된다.

MaaS는 교통문제를 효율적으로 풀어낼 수 있는 방안이지만 상용화를 위해서는 관련 규제 완화, 이해당사자들의 합의 등 풀어야 하는 문제가 산적해 있다.

실제 국내 IT기업은 MaaS 이전 단계인 차량 공유서비스를 출시

카셰어링 시장 비교

해외(미국 · 유럽)		한국
신산업으로 인정해 지원	개념	렌터카로 규정 기존 규제 적용
공영주차장 및 도로도 활용 (프리 플로팅)	주차장 확보 문제	렌터카처럼 차고지 확보 필수, 운전자 교체도 차고지에서만
관련 법률 · 보험 제도 마련	개인 간 차량 공유 (서로 빌려주기) · 승차 공유(서로 태워주기)	개인 차량 영리행위이므로 불법
다임러, BMW 등 완성차 업체 진출	대기업 진입	렌터카는 중소기업 적합 업종, 대기업 진입 제한

※ 미국은 주마다 차이가 있음

하고도 제대로 서비스를 못하고 있다. 카셰어링, 카풀, 차량 호출서비스와 관련된 법적 규제와 택시 또는 렌터카 업체 등 이해당사자들의 반발로 성장 정체 위기를 겪고 있다. 대표적인 국내 차량 공유 서비스 '타다'는 택시업계의 반발로 서비스에 위협을 받고 있다.

현대자동차도 지난 2017년 국내 카풀 서비스 스타트업 럭시에 50억 원을 투자해 카풀 시스템을 공동 개발하는 신사업을 추진했지만, 택시업계가 반발하자 보유지분을 전량 매각하고 철수한 바 있다.

하지만 이런 상황에서 일부 기업들은 MaaS 시장의 잠재력을 높게 평가하고, 이와 관련한 준비를 하고 있다.

현대자동차는 모빌리티 서비스를 해외에서 테스트하고 신규 운송수단을 개발하며 MaaS 생태계 구축을 추진하고 있다. 현대자동차는 2019년 미국 모빌리티 사업 전담법인 모션랩(Mocean Lab)을 설립하고 미국 LA시와 파트너십을 맺으면서 다양한 차량 공유서비스를 개발하고 있다. 현대자동차는 현재 미국 차량 공유서비스인 우버(Uber)나 집카(Zipcar)의 20% 수준 가격으로 시내 어디든 이용과 반납이 가능한 차량 공유서비스와 차량 호출서비스를 제공할 계획이다. 향후 로봇 택시, 셔틀 공유서비스 등을 거쳐 도심 항공운송 부문까지 사업을 확대할 예정이다.

현대자동차는 2020년 CES에서 미래 모빌리티 비전을 공개하고 도심에서 이동효율성을 극대화한 개인 항공기인 '도심 항공 모빌리티(Urban Air Mobility, UAM)', 목적지까지 이동하는 동안 식당, 카페, 병원 등 서비스를 제공하는 '목적 기반 모빌리티(Purpose-built Vehicle, PBV)', UAM과 PBV를 연결하는 모빌리티 환승 거점(Hub)을 선보였다. 현대자동차는 완성차 업체 중 최초로 우버의 UAM 파트너로 선정됐으며, 빠르면 2023년부터 상용화할 계획이다. 이를 위해 현대자동차는 미래 도시 전역에 Hub를 배치하고 UAM과 PBV를 연계해 시간과 공간의 한계를 넘는 새로운 모빌리티 생태계 구축을 추진한다.

국내 MaaS를 위한 기반이 마련됐고 관련 기술을 확보한 기업이 있는 만큼, 정부는 교통 관련 규제를 다시 점검하고 관련 업계의 이해관계를 조율해 MaaS 플랫폼 육성을 추진해야 한다.

미래 유망 자동차 기술 확보를 위한
기업 간 제휴 및 정부 지원   Embryonic | Emerging | Outstanding

국내의 자율주행 기술 수준과 기업들의 노력

세계 자동차 업체들이 자율주행 경쟁력 강화를 위해 기술력을 고도화하고 있는 상황에서, 국내 자동차 업체들은 정부의 적극적인 지원과 기업 간 협력 확대를 바탕으로 글로벌 업체들과의 기술력 격차를 줄이려는 노력을 기울이고 있다.

2018년 산업연구원(KIET) 연구에 따르면, 우리나라의 자율주행 관련 기술력은 기준 미국을 100점으로 환산할 때 80점 수준으로 85점인 중국보다도 낮다.

자율주행 기술 격차가 벌어진 이유는 정부와 기업 양쪽에서 자율주행 기술에 대한 잠재력을 과소평가해 기술개발이 늦어지고, 자율주행 관련 전문가를 확보하지 못했기 때문이다. 우리나라는 자율주행 시범운행을 1993년 세계 최초로 성공한 바 있으나, 정부와 시장의 무관심 속에서 선제적으로 사업화할 수 있는 기회를 놓쳤다.

특히, 자율주행의 핵심 기술력인 인공지능, 인지 판단 등의 기술력이 선진국 대비 부족하고 관련 전문 인력도 선진국 대비 부족하다. 결과적으로 자율주행에 관한 기술개발이 늦어지면서 AI, 센서 등 자율주행에 들어가는 핵심 주요 부품 기술을 해외에 의존하는 상황이 됐다.

하지만 앞으로 국내 자동차산업에서 자율주행 기술력의 중요성

국내 자율주행 기술

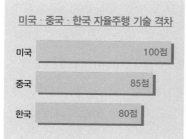

미국·중국·한국 자율주행 기술 격차

미국 100점

중국 85점

한국 80점

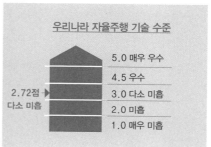

우리나라 자율주행 기술 수준

5.0 매우 우수

4.5 우수

2.72점 ▶ 3.0 다소 미흡
다소 미흡

2.0 미흡

1.0 매우 미흡

이 높아질 것으로 예상돼 주요 시장 참여자인 OEM, IT, 주요 부품
업체 등은 완성차 업체는 물론이고 대학, 연구소 등과의 연계를 통
한 기술력 확보에 적극적으로 나서고 있다.

우선 현대차그룹은 2019년 9월 미국 자율주행 소프트웨어업체
앱티브(Aptiv)와 조인트벤처 설립을 통해 자율주행 기술 격차를 좁
히기 위해 노력하고 있다. 국내 시장조사업체 내비건트리서치에 따
르면, 앱티브는 세계 자율주행 관련 부문에서 미국의 웨이모, GM,
포드에 이어 4위로 완전 자율주행 기술(레벨 4·5 수준)을 확보하고
있다.

자동차 업체뿐 아니라 국내 주요 IT기업도 AI, 빅데이터, SW 역
량을 활용해 자율주행 분야의 기술력 확보에 나서고 있다.

네이버는 2015년부터 AI와 스마트홈, 로봇 등 차세대 기술에 대

한 연구를 진행 중이며, 2017년에는 관련 부문 연구개발을 집중하기 위해 네이버랩스를 분사했다. 네이버랩스는 레벨 4 수준의 자율주행 기술을 개발 중이며, 국내 IT업계 최초로 자율주행 임시운행 허가를 획득했다. 실시간으로 주변 환경과 상황을 인지하고 이해하는 '인지 기술', 카메라를 통해 촬영한 이미지를 바탕으로 만드는 '3D 고정밀 지도' 등의 솔루션을 개발 중이다. 회사는 관련 기술개발을 통해 자율주행에 필요한 정확한 물체인식 및 상황판단 기술력을 키울 계획이다. 나아가 자율주행차량과 로봇이 연동돼 배송과 물류 서비스가 자동화되는 스마트시티 프로젝트 'A-City'를 추진하고 있다.

카카오는 자율주행 기술을 확보하기 위해 자율주행 기술 업체에 투자하고 자사 모빌리티 관련 데이터 수집에 나서고 있다. 회사는 2018년 국내 자율주행 트럭 개발업체 마스오토(Mars Auto), 2019년 미국 자율주행 소프트웨어 스타트업 블루스페이스(Bluespace) 등 기술기업에 투자했다. 또 자사 모빌리티 카카오 내비, 택시, 주차 등 모빌리티 서비스를 통해 수집된 인구통계학, 시간 및 위치, 수요와 공급 등 다양한 데이터를 분석하여 자율주행 기술개발에 활용하고 있다. 이외에도 카카오는 모빌리티 부문 강화를 위해 SK텔레콤, KT, LG유플러스 등 국내 통신사와 MOU를 체결하는 등 자율주행 협력을 확대하고 있다.

우리나라 주요 자동차 부품사들도 최근 자율주행차량 기술개발 방향을 독자적 연구개발에서 오픈이노베이션 및 선도업체와의 기술 제휴로 전환하며 경쟁력 확보를 위해 노력하고 있다.

현대모비스는 자율주행과 관련해 미국, 중국, 러시아 등 글로벌 선도업체들과 협력을 강화하고 있다. 회사는 2019년 1월 레이저를 이용해 차량 주변 환경을 파악하는 자율주행차의 핵심 부품 라이다 (Lidar) 세계 점유율 1위 업체인 벨로다인라이다(Velodyne Lidar)와 기술협력 투자(5,000만 달러)를 진행했다.

만도는 2018년 네이버랩스, KT 등과 자율주행 AI 및 SW 기술 개발을 공동으로 진행했으며, 같은 해 미국 캘리포니아주에서 자율주행 허가를 받았다. 2019년 1월에는 경기도 판교에서 레벨 4 자율주행(2.7km, 40km/h 속도) 시험운행에 성공한 바 있다. 만도는 관련 기술력을 인정받아 2019년 인도 자동차 기업 마힌드라&마힌드라 (Mahindra & Mahindra)에 자율주행 기술 제품을 납품한 데 이어 미국 전기차 스타트업 '카누(Canoo)'와 완전 전자 제어식 조향시스템 (Steering by Wire, SBW) 50만 대 공급 계약을 체결했다.

자율주행 전기차 중심으로 재편이 필요한 자동차산업

한편, 자동차 업계는 자율주행 기술이 내연기관 자동차에서 전기차 중심으로 이동하기 때문에 자동차 부품, 소재 구조도 재편해야 한다고 주장하고 있다.

자율주행차에 필요한 센서, 카메라, 디스플레이, 각종 프로세서 등 전장 부품들은 전기 에너지가 많이 소비되기 때문에 전기차가 내연기관보다 에너지 효율성이 좋다. 내연기관의 연료가 동력으로 변할 때 에너지 손실은 70~80% 수준이지만, 전기차는 배터리에서 동력으로 바뀔 때 20~30%에 불과하다. 해외 자동차 업체들도 이런 변화에 맞춰 기존에 구축한 부품소재 생태계를 전기차 중심으로 바꾸고 있다. 하지만 우리나라 자동차 업계는 여전히 내연기관에 집중하고 있어 변화가 필요한 상황이다.

자동차 업계는 전기차로 전환이 진행되면 기존 자동차 부품이 최대 90% 줄어들 것으로 예상하고 있다. 그러나 전기차 시대에 대비하는 부품업체는 전체 9,000여 개 중에 여전히 1%에 불과한 것으로 파악하고 있다.

국내 자동차 부품업체의 전기차 부품 개발이 더딘 이유는 내연기관차 중심인 완성차 업체에 대한 의존도가 높고, 규모가 작아 자체 연구개발 역량을 확보하지 못했기 때문이다. 국내 자동차 부품업체 중에 매출 기준으로 글로벌 자동차 부품업체 100위권 안에 드는 기업은 6개에 불과하며 대부분 자체 개발한 부품이 아닌 완성차 업체에 필요한 부품을 단순 납품하는 형태다. 이 같은 구조적인 문제를 가지고 있어 독자 기술개발이 어렵고 변화에 빠르게 대처하지 못하고 있다.

국내 자율주행 부문의 기술력은 글로벌 선도기업보다 부족하지만 전기차 핵심 요소인 배터리 부문에서 LG화학과 삼성SDI가 앞서고 있으며 현대기아차의 완성차 제조 기술력도 우수해 충분히 경쟁력을 가지고 있다. 자동차산업은 대규모 장치 산업으로 관련 인력이 많고, 파급효과가 큰 특징이 있으므로 정부 차원에서 규제 개선과

R&D 지원을 확대해 자율주행과 전기차가 중심이 되는 미래 자동차 시장 경쟁력을 높여야 한다.

이미 우리나라 정부는 2019년 '스마트카 청사진', 미래 자동차산업 발전전략을 차례로 발표하고 미래 자동차산업의 로드맵을 제시한 바 있다. 정부는 친환경 및 자율주행 기술의 국내 보급을 가속화해서 2024년까지 완전자율주행차 관련 제도와 기반을 세계 최초로 완비하는 것을 목표로 하고 있다. 또한 60조 원 규모 민간투자를 기반으로 국내 자동차산업을 개방형 미래차 중심으로 전환해 2030년 국내 신차 중 친환경차 비중 33%, 세계시장점유율 10% 달성을 목표로 하고 있다.

이를 위해서는 4대 국가 핵심 인프라인 통신시설, 정밀지도, 관제시설, 도로를 미래차 환경에 맞춰 개선하고, 자율주행차 운행과 관련해 사고 책임, 보험 제도, 보안 등 법적 체계를 정비해야 한다. 또한 전기차 경쟁력 강화를 위해 R&D 보조금과 충전 인프라를 우선 갖춰야 한다. 통신 부문에서 5G 선점이 관련 특허 확보와 시장 저변을 확대하는 데 중요한 역할을 하는 것처럼 내연기관 차량의 자율주행 전기차 전환을 통한 시장 선점은 산업의 주도권 확보와 연결돼 있다. 특히, 플랫폼 사업의 성격을 가진 전기차 산업은 글로벌 기업과 동일 출발 선상에서 시작하는 만큼 정부와 민간 사업자가 협력해 빠른 대응을 추진해야 한다.

H/W 제조 중심에서
편의 서비스로의 전환

_____ AI와 빅데이터, 통신기능을 접목한 미래형 인포테인먼트 시장은 현재 시작 단계지만 자율주행 기술의 발전이 빠르게 진행돼 관련 부문의 기술 혁신도 급물살을 타고 있다.

우리나라는 삼성전자, LG전자 등 전자업체가 하드웨어를 중심으로 인포테인먼트 부문 경쟁력을 높이고 있다. LG전자는 2014년 전장사업부를 출범하고 인포테인먼트 분야를 지속적으로 강화해 2018년 이후 현대자동차에 공급하고 있으며, LG디스플레이는 차량용 인포테인먼트 LCD 패널을 공급하고 있다.

삼성전자는 2016년 프리미엄 인포테인먼트 시장 선두기업 하만 (점유율 24%)을 인수해 단번에 관련 부문 강자로 떠올랐다. 회사는 디스플레이, 반도체 기술력을 기반으로 인포테인먼트 시스템용 고성능·저전력 프로세서와 디스플레이를 개발하고 있다.

향후 자율주행 전기차에 탑재되는 인포테인먼트 시스템은 복잡한 환경에서 차 내에 탑재된 다양한 안전 및 편의 기능을 통합 처리해야 하므로 고성능과 높은 신뢰도를 요구한다. 이에 관련업체들은 AI와 VR, AR 등 디지털 기술을 결합한 인포테인먼트 시스템 개발에 나서고 있다. 특히 자율주행차량에 공급되는 인포테인먼트 개발에 있어서는 차 내에서 즐길 수 있는 엔터테인먼트 부문을 강화하고 있다.

삼성전자는 차량용 반도체 등 핵심 하드웨어와 AI 플랫폼, 하만의 전장기술을 접목한 디지털 콕핏을 개발했다. 디지털 콕핏은 자율주행을 위한 운전시스템, 5G 솔루션이 탑재된 인포테인먼트 시스템으로 외부 기기와 연결성을 높이고 사용자 맞춤형 서비스를 제공할 수 있다. 회사는 중국 창천자동차(长城汽车)와 BMW, 아우디 등에 애플리케이션프로세서(AP), 디지털 콕핏, 인포테인먼트 등을 납품하며 기술력을 인정받고 있다.

LG전자는 소프트웨어 기반 플랫폼 강화를 위해 선도기업과의 제휴를 확대 중이다. LG전자는 자동차 인포테인먼트 기술개발을 위한 IT, 전장업체와 제휴를 강화하는 전략을 취하고 있다.

LG전자는 2014년 HP에서 인수한 모바일용 OS '웹OS'를 2019년 차량용 OS '웹OS 오토'로 확장하고 인포테인먼트 플랫폼 개발에 박차를 가하고 있다. 스위스 소프트웨어기업 '룩소프트(Luxoft)'와 Jv를 설립하고 퀄컴, 인피니언 등이 반도체회사와 파트너십을 맺었다. 또한 이스라엘 AI 음성 인식 플랫폼 '오디오버스트(Audioburst)'에 투자하고 마이크로소프트, 핀란드 소프트웨어 업체 Qt와 업무협약을 체결하는 등 인포테인먼트 소프트웨어 경쟁력 강화를 위해 오픈 이노베이션 전략을 추진하고 있다.

삼성전자는 자회사 하만을 통해 구글과 협력으로 전장사업 강화에 나서고 있다. 하만은 구글과 협력해 자사 제품에 AI 기술을 접목해 시너지 창출을 기대하고 있다. 하만이 축적한 오디오, 음향 제어 기술, 전장부문 전문성을 구글 AI, 클라우드 기술과 결합해 자동차 클라우드 솔루션 '이그나이트(Ignite)'를 개발했다. 이그나이트를 활용하면 위성 내비게이션, 자동 비상전화를 비롯해 차량 소프트웨어와 펌웨어를 원격으로 업데이트할 수 있다. 세계 4위 자동차 기업인 FCA는 2022년 이후 출시하는 신차 전 차종에 이그나이트를 적용할 계획이다.

자동차가 이동수단을 넘어서 새로운 융합형 미디어 엔터테인먼트 플랫폼으로 확장됨에 따라 향후 인포테인먼트 컨텐츠 시장이 부상하고 있으며, 기존 틀을 깨고 이종사업자와 다양한 협력 모델을 추진해 시장을 선점할 필요가 있다.

자율주행시대가 대중화되면 TV, 스마트폰에 이어 자동차가 새로운 미디어 디바이스가 될 것으로 전망된다. 이에 워너브라더스, 디즈니 등 글로벌 미디어 업체들은 자율주행차를 활용한 미디어 사업을 적극적으로 추진하고 있다. 또한 완성차와 IT기업과의 제휴를 통해 자율주행차량에 특화된 컨텐츠와 서비스를 준비 중이다. 미래 자동차는 다양한 활동이 가능한 새로운 콘셉트의 공간으로 바뀌기 때문에, 소비자들의 차량 내 활용성을 극대화하기 위해 관련 기업들은 미디어, 광고, 게임, 교육, 헬스, 레저, 쇼핑, 호텔 등 다양한 업종과의 협업을 통해 영향력을 확보해야 한다.

불확실성 시대의 수퍼컨슈머

최근 글로벌 불확실성 증대, 더 나아가 경기침체를 예견하는 경제 신호들이 곳곳에서 나오고 있으며, 주요 경제 전문기관들은 2020년 이후 세계 경제 성장률 둔화가 지속될 것으로 예측하고 있다. 여기에 미국과 중국의 무역전쟁, '노딜 브렉시트'의 가능성, 중동의 지정학적 긴장 고조, 한·일 갈등, 이탈리아 연정 붕괴, 홍콩 반정부 시위 등 주요 국가 내 포퓰리즘과 반세계화 정책들은 글로벌 경제의 불확실성을 확대하고 있다.

과거 경기침체 시기의 소비자 행동은 '절약'으로 요약될 수 있으며, 최소한의 소비를 하는 '검소한 소비', 검소한 소비 자체를 과시하는 '검소 과시(Conspicuous Frugality)', 무료 서비스를 활용하는

'프리노믹스(Freenomics)', '중고품 경제' 등으로 나타났다. 이 같은 현상은 경기침체기에 소비자의 지출 감소에 집중하기 때문에 저가품 소비가 확산되고 절약형 소비가 보편화되는 것을 보여준다.

그러나 수퍼컨슈머는 경기침체시에 기존 소비자들과는 다른 소비성향을 보인다. 이들은 불확실성이 높은 상황에서는 구매력이 제한되어 효율적인 소비를 추구하지만, 과거처럼 단순히 '절약'만으로는 설명될 수 없는 새로운 방식의 소비행태를 보인다.

불확실한 경기 속에서 수퍼컨슈머의 소비는 복합적이고 모순적인 행태로 나타난다. 밥은 편의점에서 먹어도 쇼핑은 백화점에서 하겠다는 '편백족', 품목·기호에 따라 자신의 소득보다 훨씬 높거나 낮은 소비를 하는 '야누스 소비족' 등으로 나타난다.

본인이 특별한 가치를 두지 않는 일상적인 생활용품은 저렴하고 품질 기준을 만족하는 '가성비(Cost-Effective)' 제품을 찾는 동시에, 자신에게 만족을 주는 소비에 대해서는 고가의 제품이라 하더라도 아낌없이 지갑을 여는, 소위 '소비 양극화' 행동을 보인다.

기업들은 이러한 경제 불확실성에서 변화하는 소비자를 반드시 이해해야 하며, 그 변화에 대비해야 피해를 최소화할 수 있다. 수퍼컨슈머를 이해하고 대응하는 것은 이러한 불확실성의 시대에 기업의 실적을 넘어서 생존 여부를 결정하게 될 것이기 때문이다.

경제 불확실성 속에서 더욱 강화되는 수퍼컨슈머의 특성

디지털 어시스턴트 의지

소비자들은 더욱 편리하고 저렴한 쇼핑을 위해 온라인 접속을 늘려갈 것이고, AI가 추천해 주는 생필품들을 저렴하고 간편하게 쇼핑할 수 있는 '구매와 쇼핑의 이원화' 현상도 확연하게 증가할 것이다.

경험과 공유를 중시

경제에 대한 불안감은 앞서 살펴봤던 밀레니얼 세대 방식의 소비를 더욱 가속화하고 있다. 꼭 필요한 물건만 최소한으로 소유하고 생활을 단순화해 불필요한 지출을 줄이며, 구독과 공유경제를 누리는 미니멀리즘 소비가 확산될 것이다.

초개인화 큐레이션을 추구

소비 심리가 위축되는 경기침체기에 소비자들은 자신과의 밀접한 연관성이 있지 않은 제품에 대해서는 얼마든지 저렴한 상품으로 대체하게 될 것이다. 반대로, 자신에게 잘 맞춰져 있는 초개인화 제품/서비스는 쉽게 바꾸지 못하고 지속적으로 사용하게 된다. 소비자를 정밀하게 분석하여 맞춤 상품을 만드는 기업들이 위기 속에서도 살아남을 수 있는 것이다.

데이터 가치를 중시

경기침체기 속에서 이전보다 소비력이 감소한 소비자들은 데이터를 공유함으로써 자신이 받을 수 있는 혜택을 누리려는 경향이 강화될 것이다. 또한 그들의 데이터에 대한 가치를 이전보다 더욱 높게 평가할 것이며, 기업들에게 그들의 데이터에 대해 더욱 더 높은 반대급부를 요구하게 될 것이다. 결과적으로, 기업들은 소비자들의 데이터를 얻기 위해 더 많은 혜택과 노력이 불가피해지게 된다.

디지털 노마드

기업들이 비용 절감과 전문성 강화 등 체질 개선을 위해 유연한 조직 운영체계를 갖춰가면서 프리랜서가 주류가 되는 긱 이코노미가 더욱 확대될 것이다. 자신의 전문성을 더 쌓으려는 노력과 함께 AI 등의 도움을 통해 자신의 업무효율성과 성과를 더욱 증대할 것이고, 프로젝트 수주를 위한 경쟁이 치열해질 것이다.

미래소비자 수퍼컨슈머 집필 후기

수퍼컨슈머에 대해 연구하면서 예상과 다른 점들에 놀랐다. 우리는 이미 곳곳에서 수퍼컨슈머의 사례를 발견할 수 있었다. 물론 처음에는 디지털 네이티브라고 불리는 밀레니얼/Z세대의 소비방식이 기존 소비방식을 대체하는 것에 대한 의구심도 들었다. 그러나 변화는 이미 시작된 지 오래다.

이미 10대 10명 중 7명이 유튜브를 검색 채널로 이용하고 있다. 이들은 정보를 찾기 위해 직접 텍스트를 보거나 찾기보다 유튜브의 영상을 여과 없이 받아들이고 있다. 기업도 이런 변화에 맞춰 SNS 마케팅을 강화하고 동영상이나 애니메이션 등 영상 컨텐츠를 확대하고 있다. 수퍼컨슈머의 파워를 강화시켜줄 것만 같았던 디지털 기술은 우리 젊은 세대의 분석력이나 비판력, 창의성 등에 영향을 줄 수 있다는 생각이 들었다.

실제 OECD에서 주관하는 국제학업성취도평가(PISA)에서 우리나라 중학생들의 '읽기 능력 미달' 학생 비율은 10년 사이 3배(2018년 기준 15.1%)로 증가했다. 이런 결과는 스마트폰을 통한 단문의 맞춤 글들을 취사선택하는 습관, 텍스트보다 영상 컨텐츠에 의존하는 습관 등이 영향을 미쳤다고 볼 수 있다. 컨텐츠 소비가 단문과 영상을 중심으로 바뀌면서 상대적으로 장문의 글을 읽고 이해하는 능력이 떨어진 것이다.

기업 측면에서는 디지털의 변화와 수퍼컨슈머에 대한 이해에 따라 대응 수준의 격차가 매우 크다는 것을 확인할 수 있었다. 수퍼컨슈머의 특성에 맞게 고객이 원하는 제품과 서비스를 최적의 시간과 장소를 표적해 제공하는 기업과 기존 방식을 고수하는 기업 간의 경쟁력 사이에는 큰 격차가 있었다. 변화를 인식하지 못하는 기업은 현재의 문제가 무엇인지 파악조차 못하고 있다는 생각마저 들었다. 특히 일부 국내 기업은 수퍼컨슈머의 특성과 글로벌 기업의 선제 대응을 간과하면서 현재에 안주하고 있는 점에 놀랐다. 선진 기업들이 적극적으로 미래에 대해 투자하고 있는 것을 보고도, 자신들과 관련 없는 먼 미래의 일로 치부하는 기업이 많아서 매우 안타까웠다.

디지털 기술로 무장한 수퍼컨슈머가 등장하면서 소비자의 힘은 강해졌지만 그 지위가 계속되지는 않을 것으로 보인다. 기업이 가지고 있던 정보 우월성이 사라지고 소비자와 기업 사이의 균형이 형성되고 있다. 수퍼컨슈머는 AI를 활용해 자신에게 최적으로 맞춰진 제품을 추천받기를 원한다. 반대로 기업은 더 강력한 AI를 사용하여 이런 변수까지 고려해 소비자가 최적의 추천을 받았다는 생각이 들도록 유도할 것이다. 정보 우위를 차지하기 위한 새로운 기술과 전략을 도입하는 기업의 노력은 계속될 것이다.

형태와 방식은 바뀌더라도, 당분간 디지털 기술을 활용해 최적의 소비를 추구하는 소비자와 최대한 선택을 받기 위한 기업의 파워 게임이 지속될 것이다.

원고 작성에 도움을 주신 분들

- EY Global | **Jay Nibbe**, EY Global Vice Chair-Markets
  Patrick Winter, APAC Area Managing Partner
  Gil Forer, EYQ Leader
  Kristina Rogers, Global Consumer Leader

- EY한영 전문가그룹 | **박용근** 대표이사
  윤만호 부회장
  장진원 부회장
  윤석진 파트너
  김영석 파트너
  김정연 파트너
  박경희 상무

- EY한영 산업연구원 | **변준영** 파트너
  최재원 파트너
  이찬영 파트너
  이진명 상무
  김광현 이사
  류한동 컨설턴트
  장 훈 컨설턴트
  조진만 컨설턴트
  최현의 컨설턴트
  노왕현 컨설턴트
  이형근 컨설턴트

수퍼컨슈머

1판 1쇄 인쇄 2020년 3월 2일
1판 1쇄 발행 2020년 3월 10일

지은이 EY한영산업연구원

발행인 양원석
편집장 최두은
영업마케팅 양정길, 강효경

펴낸 곳 ㈜알에이치코리아
주소 서울시 금천구 가산디지털2로 53, 20층 (가산동, 한라시그마밸리)
편집문의 02-6443-8844   **도서문의** 02-6443-8800
홈페이지 http://rhk.co.kr
등록 2004년 1월 15일 제2-3726호

ISBN 978-89-255-6912-3 (03320)